TGAU
Daearyddiaeth
ar gyfer CBAC B
Llawlyfr Adolygu

Stuart Currie

Addasiad Cymraeg gan Glyn Saunders Jones, Colin Isaac a Megan Lewis

Mae'r cyhoeddwyr yn ddiolchgar i'r canlynol am eu caniatâd i atgynhyrchu deunydd hawlfraint:

Hawlfraint lluniau: **tud.17** ©Still Pictures/Jorgen Schytte; **tud. 21** ©Stuart Currie; **tud. 30** © IOM/MPW Photography Project 2007 - Lerato Maduna; **tud. 32**, **tud. 39** ©Stuart Currie; **tud. 42** ©Photolibrary/Peter Weimann, **tud. 54**, **tud. 55** © Stuart Currie; **tud. 57** © Colin Lancaster; **tud. 59** ©Alamy/Andrew Palmer; llun ar dudalen 68 gan Oxfam - Coco McCabe, 2009 yn cael ei atgynhyrchu trwy ganiatâd Oxfam GB. Nid yw Oxfam GB o anghenraid yn cytuno ag unrhyw destun neu weithgareddau sy'n cyd-fynd â'r deunyddiau hyn; **tud. 76 (chwith)** ©Stringer/Hulton Archive/Getty Images; **tud. 76 (dde)** © Getty Images/Goh Chai Hin/AFP; **tud. 95** © Eric Foxley; **tud. 96** © Stuart Currie.

Mae'r mapiau wedi'u hatgynhyrchu o fapiau'r Arolwg Ordnans gyda chaniatâd Rheolydd Llyfrfa Ei Mawrhydi. Cedwir pob hawl. Trwydded rhif 1000364700

Cydnabyddiaethau testun: tud. 25 addaswyd o <http://ecotownsyoursay.direct.gov.k/my-eco-town/what-should-it-look-like>; **tud. 26** © CPRE, Adroddiad Polisi, Mawrth 2006; **tud. 35** © 2002 Independant News and Media. Cedwir pob hawl; **tud. 68** addaswyd gan y cyhoeddwr o www.oxfam.org.uk/applications/bogs/pressoffice/?p=5991&newsblog gan Coco McCabe 2009 gyda chaniatâd Oxfam GB, Oxfam House, Rhydychen. Nid yw Oxfam GB o anghenraid yn cefnogi'r testun na'r gweithgareddau sy'n cyd-fynd â'r deunyddiau. Nid ydyn nhw chwaith wedi cymeradwyo'r testun a newidiwyd; **tud. 69** ©Canadian Standing Senate Committee on Foreign Affairs, 8 Mawrth 2005; **tud. 74** © Newyddion y BBC ar-lein, 29 Mehefin 2005; **tud. 78** ©Adroddiad Brundtland, 1987.

Mae pob ymdrech wedi'i wneud i olrhain perchenogion hawlfraint. Os ydym wedi cynnwys deunydd hawlfraint heb ganiatâd yna rydym yn hapus iawn i wneud y trefniadau angenrheidiol ar y cyfle cyntaf posib.

Rydym wedi gwneud pob ymdrech i sicrhau bod cyfeiriadau gwefannau yn gywir adeg mynd i'r wasg, ond ni ellir dal Atebol Cyfyngedig yn gyfrifol am gynnwys unrhyw wefan a grybwyllir yn y llyfr hwn. Gall fod yn bosib dod o hyd i dudalen we a adleolwyd drwy deipio cyfeiriad tudalen gartref gwefan yn ffenestr LIAU (URL) eich porwr.

Polisi Atebol Cyfyngedig yw defnyddio papur sydd yn gynhyrchion naturiol, adnewyddadwy ac ailgylchadwy o goed a dyfwyd mewn coedwigoedd cynaliadwy. Disgwylir i'r prosesau torri coed a'u gweithgynhyrchu gydymffurfio â rheoliadau amgylcheddol y wlad y mae'r cynnyrch yn tarddu ohoni.

Y fersiwn Saesneg
© Stuart Currie 2010
Cyhoeddwyd gyntaf gan Hodder Education sy'n rhan o Hachette UK,
338 Euston Road, Llundain NW1 3BH
Cedwir pob hawl.
Llun y clawr: Gwragedd yn gwerthu bwyd yn y farchnad yn Accra, Ghana © Sven Torfinn/Panos Pictures
Arlunwaith gan Jeff Edwards, Julian Mosedale, Tim Oliver, *Oxford Illustrators*, *Barking Dog* a *DC Graphic Design Cyf*.
Golygyddol a gosod gan Hart McLeod, Caergrawnt

Y fersiwn Cymraeg
© Addasiad Cymraeg: Atebol Cyfyngedig 2012
Addasiad Cymraeg gan Glyn Saunders Jones, Colin Isaac a Megan Lewis
Golygwyd gan Eirian Jones, Colin Isaac a Ffion Eluned Owen
Dyluniwyd gan Owain Hammonds

Cyhoeddir y fersiwn Cymraeg gan:
Atebol Cyfyngedig, Adeiladau'r Fagwyr, Llanfihangel Genau'r Glyn, Aberystwyth, Ceredigion SY24 5AQ
Cedwir pob hawl.
Ni chaniateir atgynhyrchu unrhyw ran o'r cyhoeddiad hwn na'i throsglwyddo ar unrhyw ffurf neu drwy unrhyw fodd, electronig neu fecanyddol, gan gynnwys llungopïo, recordio neu drwy gyfrwng unrhyw system storio ac adfer, heb ganiatâd ysgrifenedig y cyhoeddwr sef Atebol Cyfyngedig.

www.atebol.com

ISBN: 978-1-908574-27-5

Cynnwys

Pam defnyddio'r llyfr hwn? — 4

Thema 1
Heriau Byw mewn Amgylchedd Adeiledig — 16

Thema 2
Pobl a'r Byd Naturiol yn Rhyngweithio — 36

Thema 3
Pobl, Gwaith a Datblygiad — 54

Datrys Problemau
Datrys Problemau — 80
Haen Sylfaen — 82
Haen Uwch — 88
Ffolder Adnoddau — 95

Pam defnyddio'r Llawlyfr Adolygu?

Pam defnyddio'r Llawlyfr Adolygu?

Mae'r **Llawlyfr Adolygu** hwn yn cyd-fynd â'r gyfrol **TGAU Daearyddiaeth ar gyfer Manyleb B CBAC**. Mae'r llawlyfr wedi'i gynllunio i wneud yn siŵr eich bod yn cael y canlyniad gorau posibl yn yr arholiadau.

Mae yna lawer iawn mae angen i chi ei wybod os ydych chi am ennill gradd y byddwch yn falch ohoni. Os ydych am lwyddo yn yr arholiadau bydd angen i chi wybod a deall eich pwnc yn drylwyr. Bydd rhaid i chi hefyd ddeall beth yn union mae'r arholwr yn chwilio amdano a sut ydych chi am gyflawni hynny.

Does dim angen poeni – dyna sut mae'r llyfr hwn yn ddefnyddiol! Mae'n eich arwain drwy gynnwys y cwrs yn ogystal â dweud wrthych sut i gyflwyno'r wybodaeth hon yn yr arholiadau. Erbyn i chi orffen fe fyddwch yn gwybod cymaint â'r arholwyr eu hunain – sy'n sefyllfa braf i fod ynddi!

Felly, peidiwch ag anwybyddu tudalennau blaen y llyfr hwn. Mae'r tudalennau hyn yn allweddol o ran cael y defnydd gorau o'r llyfr a chael y canlyniad gorau i chi mewn daearyddiaeth. Mae yna lawer iawn o ymgeiswyr da iawn sy'n ddaearyddwyr da, ond nad ydynt yn llwyddo i ddangos hynny mewn ystafell arholiad. Felly daliwch ati i ddarllen ac ewch ati i wneud y gweithgareddau er mwyn gwneud yn siŵr eich bod chi'n llwyddo.

Defnyddio'r Llawlyfr Adolygu

Dydy'r Llawlyfr Adolygu hwn ar ei ben ei hun ddim yn ddigon i chi lwyddo yn yr arholiad. Yr adnodd pwysicaf i chi ydy eich athro neu athrawes.

Mae'n siŵr bod y rhan fwyaf ohonoch wedi bod yn astudio daearyddiaeth ers i chi ddechrau yn yr ysgol uwchradd. Yn ystod y cyfnod hwn rydych wedi dysgu llawer. Yn fwy na thebyg mae gennych nodiadau mewn llyfrau neu ffeiliau fydd o help i chi baratoi ar gyfer eich arholiadau. Y nodiadau hyn a'ch athrawon ydy'r gwir allwedd i'ch llwyddiant chi yn yr arholiadau.

Bydd y llawlyfr hwn o help i chi wneud synnwyr o'ch nodiadau. Bydd hefyd yn eich helpu i ddefnyddio'r sgiliau daearyddol rydych wedi'u dysgu wrth ateb cwestiynau arholiad. Bydd eich athrawon hefyd yn gweithio'n galed gyda chi i wneud yn siŵr eich bod yn llwyddo yn yr arholiadau. Bwriad y llyfr hwn ydy helpu'r broses hon.

Yn wahanol i nifer o lawlyfrau adolygu dydy'r llyfr hwn ddim yn cynnwys gormod o wybodaeth. Mae'r nodiadau gennych yn barod. Mae'r llyfr, fodd bynnag, yn eich helpu i gael y gorau o'r arholiad: sut i gymhwyso eich gwybodaeth, eich dealltwriaeth a'ch sgiliau.

Pam defnyddio'r Llawlyfr Adolygu?

Nodweddion y Llawlyfr Adolygu

Mae'r llawlyfr yn cynnwys nifer o nodweddion sydd â'r bwriad o'ch helpu chi i weithio drwy'r broses adolygu ... a hynny mor ddi-boen â phosib! Mae symbolau gwahanol yn cael eu defnyddio i'ch helpu. Mae pob un ohonyn nhw'n cynrychioli nodwedd wahanol.

Ewch amdani!

Mae'r gweithgareddau hyn yn eich helpu chi i ganolbwyntio ar eich adolygu ac yn rhoi cyfle i chi eich profi eich hun. Mae'n deimlad braf os ydych chi'n llwyddo. Cofiwch wobrwyo eich hun! Ar y llaw arall, os ydych chi'n gweld bod ambell weithgaredd yn anodd, darllenwch y cwestiwn eto ac ewch ati i ddarllen eich nodiadau eto. Os ydych chi'n parhau'n ansicr, gofynnwch i'ch athro/athrawes.

Gwybodaeth fewnol

Mae sefyll arholiadau yn gallu bod yn anodd. Y rheswm dros hyn yn aml iawn ydy nad ydy'r myfyrwyr yn deall yn union beth mae'r arholwr yn chwilio amdano yn y cwestiwn. Pwrpas **Gwybodaeth fewnol** ydy cynnig gwybodaeth i fyfyrwyr am yr hyn mae arholwyr yn chwilio amdano wrth ofyn mathau gwahanol o gwestiynau.

Llifolau Arholiad

Bydd yr adrannau hyn yn eich helpu i baratoi ar gyfer yr arholiad a phenderfynu beth ydy'r ffordd orau i fynd o'i chwmpas hi. Bydd digonedd o gyfle yma i ymarfer ateb mathau gwahanol o gwestiynau.

Astudiaeth Achos: y wybodaeth

Yma rydych chi'n cael sawl astudiaeth achos addas sy'n ategu'r themâu rydych wedi'u hastudio. Mae arholwyr wrth eu bodd os ydych chi'n cynnwys enghreifftiau go iawn yn eich atebion. Sut ydych chi'n gwneud yn siŵr eich bod yn defnyddio'r wybodaeth gywir i ateb Astudiaeth Achos benodol? Sut ydych chi'n ennill y marciau gorau ar gyfer eich atebion i'r Astudiaethau Achos? Mae'r cwestiynau yma ac eraill yn cael eu harchwilio yn y gweithgareddau **Astudiaeth Achos: y wybodaeth**.

Pam defnyddio'r Llawlyfr Adolygu?

Deall y fanyleb
Mae'n hawdd gweld arholiadau, a hyd yn oed gwaith ysgol, fel y gelyn. Ond nid oes raid iddi fod felly. Mae'r fanyleb hon wedi'i hysgrifennu fel bod eich athrawon yn gallu creu cwrs sy'n berthnasol ... ac yn fwynhad i chi. Mae'r arholiadau hefyd wedi'u cynllunio i'ch helpu chi.

Daearyddiaeth ar gyfer Manyleb B CBAC
Mae'r fanyleb ar gyfer TGAU Daearyddiaeth CBAC B yn cynnwys tair thema. Yr allwedd i lwyddiant ydy deall pob un o'r themâu hyn.

Thema 1: Heriau Byw mewn Amgylchedd Adeiledig	Thema 2: Pobl a'r Byd Naturiol yn Rhyngweithio	Thema 3: Pobl, Gwaith a Datblygiad
• Sut mae ansawdd bywyd a safon byw yn wahanol? • Sut mae modd i gael tai yn wahanol, sut mae hyn yn newid a sut mae'n effeithio ar bobl? • Sut mae modd i ddefnyddio gwasanaethau yn wahanol, sut mae hyn yn newid a sut mae'n effeithio ar bobl? • Pwy sy'n cynllunio'r amgylchedd adeiledig, pa wrthdaro a achosir a sut gallai amgylchedd adeiledig cynaliadwy gael ei ddatblygu? • Beth yw achosion ac effeithiau mudo a sut gellir eu rheoli mewn ffordd gynaliadwy? • Beth yw achosion ac effeithiau'r cynnydd yn y defnydd o ardaloedd gwledig a sut gellir rheoli'r rhain mewn ffordd gynaliadwy?	• Beth yw achosion ac effeithiau newidiadau mewn ecosystem a sut mae modd gwneud hyn yn gynaliadwy? • Sut mae'r gylchred ddŵr neu'r gylchred hydrolegol yn gweithio? • Beth yw achosion ac effeithiau sychder? Sut mae sicrhau cyflenwad cynaliadwy o ddŵr? • Beth yw achosion ac effeithiau llifogydd? Sut mae rheoli hyn yn gynaliadwy? • Sut mae tirffurfiau afon yn cael eu ffurfio? Sut mae pobl yn eu defnyddio a sut gallai effeithiau'r defnydd hwn gael eu rheoli'n gynaliadwy? • Sut mae tirffurfiau arfordirol yn cael eu ffurfio? Sut mae pobl yn eu defnyddio a sut gallai effeithiau'r defnydd hwn gael eu rheoli'n gynaliadwy?	• Sut a pham mae patrymau cyflogaeth yn wahanol? • Sut mae mesur datblygiad? • Beth ydy manteision ac anfanteision byd cyd-ddibynnol? • Sut mae masnach a chymorth yn gweithio? • Ble mae gweithgareddau economaidd wedi'u lleoli a pham maen nhw wedi'u lleoli yno? • Beth yw achosion ac effeithiau newidiadau yn lleoliad gweithgareddau economaidd? • Beth yw effeithiau gweithgareddau economaidd ar ecosystemau a sut mae eu rheoli? • Beth yw effeithiau gweithgareddau economaidd ar newid hinsawdd a sut mae eu rheoli?

Pam defnyddio'r Llawlyfr Adolygu?

Ewch amdani!

Gadewch i ni ddechrau! Beth am edrych yn fanwl ar *Thema 1: Heriau Byw mewn Amgylchedd Adeiledig*. Bydd rhaid i chi geisio cysylltu'r Astudiaethau Achos rydych chi wedi'u hastudio â'r prif gwestiynau yn y thema hon. Bydd angen i chi edrych yn eich nodiadau am y wybodaeth sy'n ateb y cwestiynau hyn.

Gwnewch dabl fel yr un sydd wedi'i ddechrau isod i ddangos eich dealltwriaeth o'r thema.

1. Cwblhewch y golofn 'Astudiaeth Achos'.
   - Ysgrifennwch enw'r Astudiaeth Achos.
   - Ym mha wlad mae'r astudiaeth wedi ei lleoli?
   - Ydy'r wlad hon yn dangos lefel uchel neu isel o ddatblygiad economaidd?

   Ysgrifennwch 'mwy cyfoethog' neu 'llai cyfoethog'. Weithiau bydd cwestiwn yr Astudiaeth Achos yn yr arholiad yn gofyn am enghraifft sy'n cynnwys gwybodaeth am ddatblygiad economaidd y wlad.

2. Rhifwch y nodiadau rydych wedi'u paratoi yn ystod eich cwrs daearyddiaeth. Bydd hyn o help i chi ddod o hyd i'r darnau perthnasol yn gyflym yn nes ymlaen… ac osgoi gwastraffu amser adolygu prin. Yn y golofn 'Rhif Tudalen' nodwch yn glir lle gallwch ddod o hyd i'r nodiadau am y rhan hon o'r fanyleb, e.e. 'Llyfr Nodiadau 3, tudalennau 15–18.

3. Gwnewch restr o'r prif bwyntiau ar gyfer pob Astudiaeth Achos rydych wedi'i chynnwys. Dull effeithiol o wneud hyn fyddai gwneud pwyntiau bwled. Bydd y pwyntiau bwled syml hyn o help i chi gofio gweddill y wybodaeth sydd yn eich nodiadau. Fe ddylai hyn fod o help i chi yn yr ystafell arholiad.

4. Wedi i chi gwblhau'r tabl hwn ar gyfer y thema gyntaf ewch ati i wneud yr un peth ar gyfer y ddwy thema arall. Gwnewch gopi o'r cwestiynau ar gyfer pob un o'r themâu eraill, yna dilynwch gamau 1 i 3 eto.

Byddai'n syniad da dilyn y cynllun hwn yn ystod y cwrs. Peidiwch â gadael y cyfan tan y funud olaf!

Cwestiwn	Astudiaeth Achos	Rhif Tudalen	Prif Bwyntiau
Sut mae ansawdd a safon bywyd yn wahanol?			
Sut mae modd i gael tai yn wahanol, sut mae hyn yn newid a sut mae hyn yn effeithio ar bobl?			

Pam defnyddio'r Llawlyfr Adolygu?

CBAC Manyleb B – Asesu

Dod a'r cyfan at ei gilydd

Chi a'r athrawon fydd yn penderfynu pryd y byddwch yn sefyll y rhannau gwahanol o'r arholiad. Yr unig beth pendant ydy y bydd yn cael ei gynnal yn yr haf. Mae'n bosib y byddwch yn eistedd un rhan o'r arholiad ysgrifenedig yn ystod Blwyddyn 10 a'r rhan arall yn ystod Blwyddyn 11. Dewis arall fyddai eistedd dwy ran yr arholiad yn ystod Blwyddyn 11. Mae'r dewis yn ddewis agored.

Yn yr un modd, bydd rhaid cwblhau'r ddwy ran o'r asesiad sy'n cael eu galw yn 'asesiad dan reolaeth' erbyn mis Mawrth yn y flwyddyn y byddwch yn sefyll eich arholiad terfynol. Yn syml, dyma eich gwaith cwrs. Mae'n debygol mai eich athro neu athrawes fydd yn penderfynu gan mai nhw sy'n gwybod pa amser sydd fwyaf addas ar eich cyfer.

Y penderfyniad arall mae angen ei chi ei wneud gyda'r athro neu'r athrawes ydy penderfynu pa lefel sydd fwyaf addas i chi. Bydd angen dewis naill ai'r Haen Sylfaen neu'r Haen Uwch. Mae'n bosib cyfuno mynediad i'r Haen Sylfaen a'r Haen Uwch i roi eich gradd derfynol i chi.

Y darlun cyfan

Pa ran bynnag o'r asesiad y byddwch yn ei sefyll, a phryd bynnag y byddwch chi'n eu sefyll nhw, fe fydd prif elfennau'r asesiad yr un fath. Mae'r tabl isod yn dangos yr elfennau hynny.

Enw	Natur yr asesiad	Amser	Cyfran o gyfanswm y marciau
Asesiad dan reolaeth	1 Yr ymholiad	Uchafswm 8 awr	15%
	2 Y mater	Uchafswm 5 awr	10%
Uned 1: Haen Sylfaen neu Haen Uwch	Thema 1	1 awr	15%
	Thema 2		15%
Uned 2: Haen Sylfaen neu Haen Uwch	Thema 3	30 munud + 1 awr 30 munud	15%
	Datrys problemau		30%

LLIFOLAU ARHOLIAD

Y manylion
- 'Thema' ydy darn mawr o wybodaeth.
- Mae pob thema yn cael ei phrofi drwy gyfrwng dwy 'Uned' neu arholiad.
- Mae Uned 1 yn profi Themâu 1 a 2.
- Mae Uned 2 yn profi Thema 3.
- Mae Uned 2 hefyd yn profi eich gallu i ddatrys problem ddaearyddol.

Pam defnyddio'r Llawlyfr Adolygu?

Gwybodaeth fewnol

Yr Haen Sylfaen a'r Haen Uwch – y ffeithiau

- Pa lwybr bynnag rydych chi'n ei ddewis gallwch gael Gradd C.
- Mae arholiadau'r Haen Uwch yn gosod mwy o bwyslais ar sgiliau ieithyddol.
- Mae arholiadau'r Haen Sylfaen yn rhoi mwy o gymorth i chi drefnu eich atebion.
- Dydy dewis yr Haen Sylfaen ddim yn arwydd o fethiant.
- Bydd y rhan fwyaf o fyfyrwyr yn gwneud y ddwy uned ar gyfer yr Haen Sylfaen neu'r ddwy uned ar gyfer yr Haen Uwch. Fodd bynnag, os ydych chi'n cymryd Uned 1 ym Mlwyddyn 10 ar gyfer yr Haen Sylfaen ac yna'n dangos cynnydd sylweddol yn ystod Blwyddyn 11, bydd modd i chi gael eich derbyn i'r Haen Uwch ar gyfer Uned 2. Os ydych chi'n gwneud yn dda mae'n bosib y bydd eich gradd yn uwch na Gradd C.

Gwneud penderfyniad

- Ystyriwch yn ofalus, mor fuan â phosib yn ystod y cwrs, pa haen sydd fwyaf addas i chi.
- Sut mae'n bosib i'r triongl yma eich helpu i benderfynu?

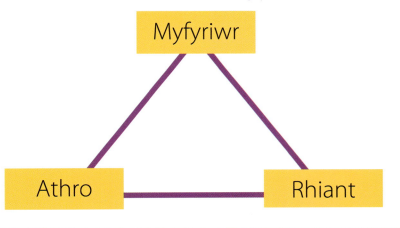

Cael yr arholiadau i weithio o'ch plaid

Mae'n werth i chi gofio bod *'yr arholwyr yn awyddus iawn i chi wneud yn dda'*. Maen nhw'n defnyddio gwahanol ddulliau i'ch helpu chi i roi'r atebion maen nhw eu heisiau gennych. Dim ond os ydych chi'n gwneud eich rhan hefyd y gall hyn ddigwydd.

Mae yna dair rheol allweddol:

1. Darllen y cyfan o'r wybodaeth sy'n cael ei rhoi i chi yn y papur arholiad. Er enghraifft, mae'n bosib na fydd yna gwestiwn i'w ateb ar y dudalen gyntaf, ond fe fydd cyfarwyddiadau a gwybodaeth arall yno i'ch helpu chi.
2. Rheolwch eich amser yn ofalus. Mae'n rhai i chi *gwblhau'r* papur os ydych chi am wneud yn dda. Mae'r arholwyr yn eich helpu drwy ddweud wrthych sawl marc sydd ar gyfer pob cwestiwn a thrwy roi nifer penodol o linellau ar eich cyfer sef y nifer maen nhw'n teimlo sydd eu hangen arnoch ar gyfer yr ateb.
3. Gwnewch bopeth maen nhw'n gofyn i chi ei wneud. Mae'r arholwyr yn defnyddio 'termau gorchymyn' i ddweud wrthych pa fath o ateb maen nhw'n ei ddisgwyl. Mae'r geiriau hyn bob amser yn golygu'r un peth, felly rhaid i chi ymateb yr un fath iddyn nhw. Cofiwch ymarfer hyn drwy gydol eich cwrs.

Pam defnyddio'r Llawlyfr Adolygu?

Ewch amdani!

Mae'r tabl isod yn nodi'r 'termau gorchymyn' fydd yn cael eu defnyddio yn yr arholiad Daearyddiaeth. Mae'r tabl hefyd yn rhoi eu hystyr. Eich tasg ydy cysylltu pob term â 'r ystyr cywir.

Wedi i chi orffen, gwiriwch eich atebion gyda'r rhestr ar dudalen 15. Peidiwch â throi at y dudalen honno cyn gorffen y dasg!

Term gorchymyn		Ystyr
1	Rhowch gylch	A Rhoi ffigur *cywir* drwy ddarllen graff neu fap. Peidiwch â rhoi amcangyfrif.
2	Cwblhewch	B Creu llinfap neu ddiagram i'ch helpu i egluro arwedd, disgrifio lleoliad neu ddangos eich cynlluniau ar gyfer ardal.
3	Rhestrwch	C Rhoi cylch o amgylch yr ateb cywir o restr o ddewisiadau.
4	Enwch	Ch Dweud beth sy'n debyg a/neu yn wahanol rhwng dau ddarn o wybodaeth.
5	Lleolwch	D Tebyg i 'egluro' ond mae disgwyl i chi gynnig gwybodaeth o'ch gwybodaeth chi yn hytrach na defnyddio gwybodaeth sy'n cael ei rhoi yn y papur arholiad.
6	Mesurwch	Dd Dweud lle mae man arbennig.
7	Lluniadwch (*draw*)	E Egluro pam rydych wedi gwneud penderfyniad.
8	Disgrifiwch	F Ysgrifennu mwy nag un arwedd drwy edrych ar fap, llun neu adnodd arall.
9	Eglurwch /Rhowch resymau dros	Ff Llenwi bylchau ar rywbeth fel graff neu mewn brawddeg.
10	Awgrymwch	G Ysgrifennu beth ydy'r arwedd, e.e. 'traffordd M6' ar y Map Ordnans.
11	Cymharwch	Ng Dweud pam fod rhywbeth rydych wedi'i ddisgrifio yn bod neu wedi digwydd.
12	Beth yw ystyr	H Ysgrifennwch beth yn union ydy'r arwedd neu'r lle, e.e. 'Craig Ddu' neu 'llwybr marchogaeth'.
13	Cyfiawnhewch	I Rhoi diffiniad o derm daearyddol.

Pam defnyddio'r Llawlyfr Adolygu?

Adolygu effeithiol

Chi ydy'r unig berson sy'n gallu penderfynu beth ydy'r ffordd fwyaf effeithiol o adolygu. Mae amrywiaeth eang o dechnegau gwahanol ar gael. Bydd rhai ohonyn nhw'n siwtio rhai pobl yn fwy na'i gilydd. Efallai y bydd y cwestiynau sy'n dilyn yn eich helpu i benderfynu pa ddull sydd fwyaf effeithiol i chi:

- Oes angen tawelwch llwyr arnoch ar gyfer adolygu?
- Ydy cerddoriaeth o help i ddileu sŵn o'r tu allan?
- Ydych chi'n gallu canolbwyntio am gyfnodau hir?
- Ydych chi ond yn gallu canolbwyntio am gyfnod byr?
- Sawl arholiad gwahanol sydd gennych?
- Ble mae'r arholiad daearyddiaeth o fewn yr amserlen arholiadau?
- Pa rannau o'ch bywyd cymdeithasol sy'n hanfodol?
- Beth ydych chi'n gallu gwneud hebddo i wneud amser ar gyfer adolygu?

Dim ond un rheol sydd ar gyfer ateb y cwestiynau hyn - byddwch yn hollol onest gyda chi eich hun. Mae yna gyfnod hir iawn rhwng yr arholiadau a diwrnod y canlyniadau. Rydych chi'n fwy tebygol o fwynhau'r cyfnod hwn os ydych chi wedi paratoi'n drylwyr ar gyfer yr arholiadau ac yn gallu dweud yn onest eich bod wedi rhoi o'ch gorau.

O dderbyn eich bod am roi o'ch gorau ewch ati i greu rhaglen adolygu bersonol sy'n:

- dechrau yn ddigon cynnar
- rhoi amser i fwynhau yn ogystal â gweithio
- siwtio eich gallu i ganolbwyntio
- realistig ar eich cyfer chi
- digwydd mewn amgylchedd sy'n eich siwtio chi
- cynnig dull o wobrwyo.

Yn olaf, mae tri phwynt arall i'w cofio:

- Mae eich athro/athrawes yno i'ch helpu ac yn awyddus i ateb eich cwestiynau.
- Mae'n bosib y bydd gwersi ychwanegol yn cael eu cynnig i chi - ewch yno!
- Mae pawb yn deall eich bod dan bwysau. Os ydych chi'n teimlo nad ydych yn ymdopi cofiwch siarad â rhywun am hyn.

Gwybodaeth fewnol

Ydych chi'n flêr fel arfer? Os felly, dyma eich cyfle i fod yn fwy trefnus wrth gadw nodiadau. Os ydych chi'n ysgrifennu mewn llyfr nodiadau, rhifwch y llyfrau a nodwch beth ydy cynnwys y llyfrau y tu mewn i glawr blaen pob llyfr. Os ydych chi'n defnyddio ffeil gwnewch rywbeth tebyg ond cofiwch rifo'r tudalennau – fel arall os bydd y ffeil yn disgyn a chwalu gall fod yn anodd rhoi'r tudalennau yn y drefn gywir!

Ewch amdani!

Mae amserlen adolygu ar dudalen 12. Bydd dau gopi o'r cynllun yn ddigon ar gyfer cyfnod adolygu o ddeuddeg wythnos. Cwblhewch y rhain er mwyn creu ffocws ar gyfer eich gweithgareddau adolygu. Defnyddiwch ffordd o gofnodi fydd yn tracio eich cynnydd.

Pam defnyddio'r Llawlyfr Adolygu?

Amserlen Adolygu		Wythnos 1 a 7 Dyddiad:	Wythnos 2 ac 8 Dyddiad:	Wythnos 3 a 9 Dyddiad:	Wythnos 4 a 10 Dyddiad:	Wythnos 5 ac 11 Dyddiad:	Wythnos 6 ac 12 Dyddiad:
	Dydd Llun						
	Dydd Mawrth						
	Dydd Mercher						
	Dydd Iau						
	Dydd Gwener						
	Dydd Sadwrn						

Pam defnyddio'r Llawlyfr Adolygu?

Mynd amdani i adolygu!

Mae sawl ffordd i fynd ati i adolygu. Gallwch fynd ati i ddarllen eich nodiadau ond dydy hynny ddim yn debygol o fod yn llwyddiant mawr. Mae'n gweithio dros gyfnodau byr, ond ar ôl ychydig mae'r meddwl yn dechrau crwydro neu mae pethau eraill yn denu eich sylw.

Ar y llaw arall, gallwch ddewis dull mwy gweithredol o adolygu drwy fynd ati i wneud rhywbeth. Mae hyn yn llawer iawn mwy tebygol o gynnal eich gallu i ganolbwyntio am gyfnodau hirach. Mae'r dull hwn hefyd yn llawer mwy tebygol o gynhyrchu rhywbeth fydd yn ddefnyddiol yn nes ymlaen yn y broses adolygu.

Mae yna nifer o weithgareddau y gallwch eu gwneud.

- Paratoi cardiau adolygu ar gyfer y prif Astudiaethau Achos rydych yn gobeithio eu defnyddio yn yr arholiad. Rhannwch bob cerdyn yn wahanol nodweddion ar gyfer pob Astudiaeth Achos.
- Ewch ati i wneud cysylltiadau rhwng y gwahanol nodweddion sy'n effeithio ar agwedd arbennig ar yr Astudiaeth Achos drwy luniadu diagram gwe neu gorryn. Mae hyn yn ddefnyddiol ar gyfer pethau fel y dylanwadau ar ansawdd bywyd, e.e. darpariaeth gwasanaethau lleol neu effeithiau llifogydd afon ar ardal.
- Gwnewch gardiau i'ch profi eich hun a'ch ffrindiau ar rai o'r termau allweddol sydd eu hangen arnoch i sicrhau llwyddiant mewn arholiad Daearyddiaeth. Ewch ati i baratoi un set o gardiau sy'n cynnwys y termau a set arall sy'n cynnwys y diffiniadau. Defnyddiwch nhw fel ymarfer 'tebyg at ei debyg' neu gêm o 'Snap'. Byddai'n werth ystyried paratoi set o gardiau ar gyfer pob un o'r tair thema.
- Mae arholwyr wrth eu bodd yn gweld llinfapiau a diagramau sydd wedi'u paratoi'n dda. Ceisiwch gofio rhai o'r rhain ac yna ceisiwch eu lluniadu eto. Cymharwch yr un rydych wedi'i wneud â'r gwreiddiol.

Wrth i chi weithio drwy'r llyfr hwn bydd y strategaethau hyn cael eu trafod yn fwy manwl.

Ac i gloi ...

Mae'r diwrnod mawr wedi cyrraedd. Rydych wedi adolygu'n drylwyr. Does yna ddim byd sy'n sefyll yn eich ffordd i'ch cadw rhag llwyddo. Neu a oes?

Ystyriwch y canlynol i'ch helpu chi i gadw popeth dan reolaeth. Cofiwch wneud y canlynol:

- cyrraedd yr ystafell arholiad yn gynnar
- gwrando'n ofalus ar y cyfarwyddiadau gan y person sy'n gyfrifol am yr arholiad
- sicrhau eich bod yn gwybod rhif y ganolfan a'ch rhif ymgeisydd
- dod ag offer ysgrifennu sbâr
- darllen y cyfarwyddiadau ar y dudalen flaen
- defnyddio eich amser yn ddoeth
- ateb pob cwestiwn - peidiwch â gadael bylchau
- mynd a masgot *bach* gyda chi – os oes angen un!

Ewch amdani!

Trafodwch y pwyntiau ar y rhestr wirio uchod gyda ffrindiau, athrawon a rhieni.

Sut y bydd pob pwynt yn eich helpu i gadw'r cyfan dan reolaeth?

Oes yna unrhyw syniadau eraill i'ch helpu chi?

Pam defnyddio'r Llawlyfr Adolygu?

LLIFOLAU ARHOLIAD

- Mae'r cwestiynau wedi'u cynllunio'n ofalus gan yr arholwyr i roi cyfle i chi ddangos eich gallu daearyddol.
- Bydd rhai geiriau mewn print trwm a bydd geiriau eraill mewn print italig.
- Byddai'n syniad da i chi oleuo geiriau eraill fydd yn eich helpu chi i ddeall yr hyn yn union mae'r cwestiwn yn ei ofyn.
- Edrychwch ar y cwestiwn ar y dde. Mae'r ymgeisydd wedi tanlinellu rhai geiriau sydd yn ei barn hi yn bwysig o ran deall y cwestiwn yn llawn. Mae'r negeseuon a gafodd hi o'r tanlinellu yma wedi'u cynnwys yn y swigod siarad.

Dydy disgrifio ddim yn ddigon. Bydd rhaid i mi roi rhesymau am y difrod hefyd.

Dydy hi ddim yn bosib ysgrifennu am unrhyw dirffurfiau. Mae hyn yn benodol.

Angen cadw pethau'n dynn yma. Rhaid ysgrifennu am y pethau sy'n achosi'r difrod yn unig a pheidio â sôn am sut mae osgoi'r broblem.

<u>Eglurwch</u> sut mae <u>tirffurfiau arfordirol neu dirffurfiau afon</u> yn gallu cael eu <u>difrodi</u> gan bobl sy'n ymweld â nhw. Gallwch ddefnyddio syniadau o <u>ardaloedd rydych chi wedi'u hastudio</u>.

Gwych! Dyma wahoddiad i ddefnyddio gwybodaeth am astudiaethau achos rwyf wedi gweithio arnyn nhw yn y dosbarth neu wedi darllen amdanyn nhw neu wedi'u gweld ar y teledu.

Ewch amdani!

Efallai nad ydych chi'n cytuno'r gyda'r tanlinellu gan yr ymgeisydd. Efallai eich bod yn teimlo hefyd y byddai defnyddio pen goleuo (*highlighter pen*) yn fwy defnyddiol i chi.

1 Ewch ati i wneud yr un dasg gyda chopïau o'r cwestiynau isod.
2 Ysgrifennwch ddisgrifiad byr o'r negeseuon sy'n cael eu rhoi i chi gan bob darn o destun rydych wedi'u goleuo. Mae'n bosib y byddwch yn cael y wybodaeth uchod yn ddefnyddiol.

'Awgrymwch ac eglurwch fanteision ac anfanteision adeiladu ar safleoedd tir glas.'

'Eglurwch sut gall masnach deg helpu gwledydd tlawd i ddatblygu.'

'Disgrifiwch ac eglurwch yr effeithiau posib ar y gylchred ddŵr os bydd llyn bach yn cael ei addasu'n gronfa ddŵr fawr.'

'Cymharwch bwrpasau cymorth argyfwng dros gyfnod byr â chymorth datblygu dros gyfnod hir o amser.'

Termau gorchymyn cyffredin

Disgrifiwch
Ysgrifennwch am yr hyn rydych chi'n ei weld yn unig. Fel arfer, bydd gofyn i chi ddisgrifio llun, graff neu fap. Edrychwch ar sawl marc sydd ar gyfer y cwestiwn cyn penderfynu faint o amser i'w roi i ateb y cwestiwn. Does dim angen egluro unrhyw beth yn y cwestiynau yma.

Beth yw ystyr ...
Maen nhw'n gofyn i chi ddisgrifio term daearyddol. Bydd angen i chi ddysgu'r termau allweddol a'r diffiniadau. Mae Geirfa wedi'i chynnwys yng nghefn y gwerslyfr. Peidiwch â rhoi enghraifft yn hytrach na diffiniad; mae'r arholwyr am wybod eich bod yn deall ystyr y term.

Eglurwch/Rhowch resymau dros ...
Mae'r cwestiynau yma'n profi eich gwybodaeth a'ch dealltwriaeth. Maen nhw'n gofyn i chi *pam* mae rhywbeth rydych wedi'i ddisgrifio yn digwydd. Defnyddiwch 'oherwydd' i'ch helpu i ateb y cwestiynau yma.

Yn aml mae dau farc am roi un rheswm. Ar gyfer y cwestiynau yma bydd disgwyl i chi roi datganiad syml ac ehangu ar y datganiad hwn. Ar gyfer ehangu'r pwynt gofynnwch 'felly beth?'.

Awgrymwch
Mae hwn yn debyg i 'Eglurwch' ond mae disgwyl i chi gynnig eich syniadau chi a'ch dealltwriaeth chi. Fydd y papur arholiad ddim yn rhoi'r syniadau sy'n ofynnol.

Cymharwch
Os oes cwestiwn sy'n gofyn i chi gymharu, dylech ysgrifennu am yr hyn sy'n debyg *a'r* hyn sy'n wahanol rhwng dau ddarn o wybodaeth.

Mesurwch
Efallai y bydd gofyn i chi fesur rhywbeth ar fap neu graff. Peidiwch â dyfalu - mesurwch yn fanwl gywir gan ddefnyddio'r raddfa sy'n cael ei dangos.

Felly beth? Y ddawn o ehangu ar y wybodaeth
Mae sawl cwestiwn yn gofyn i chi ddangos eich dealltwriaeth ddaearyddol mewn mwy o ddyfnder na datganiad syml yn unig.

Er enghraifft, os ydy'r arholwr yn gofyn i chi gynnig dau reswm dros ddigwyddiad a bod 4 marc ar gyfer y cwestiwn hwnnw, maen nhw'n gofyn am ddau ddatganiad syml ynghyd â gwybodaeth ychwanegol ar ffurf 'felly beth?'

Ewch ati i gwblhau pob brawddeg isod drwy ei dilyn gydag o leiaf un 'felly beth?'
- Mewn aneddiadau sgwatwyr mewn gwledydd llai economaidd ddatblygedig (LIED) nid oes system garthffosiaeth felly dydy'r dŵr yfed ddim yn bur *felly mae pobl yn dioddef o afiechydon sy'n cael eu cludo gan ddŵr*.
- Mae canolfannau siopa mawr wedi datblygu ar ymylon dinasoedd yn y DU felly
- Mae llawer o weithwyr swyddfa yn defnyddio'r rhyngrwyd i weithio o'u cartrefi felly
- Mae llawer o drydan yn cael ei gynhyrchu drwy losgi tanwydd ffosil felly

Atebion ar gyfer Ewch amdani!: Termau gorchymyn (tudalen 10)
1C; 2Ff; 3F; 4G; 5Dd; 6A; 7B; 8H; 9Ng; 10D; 11Ch; 12I; 13E

Thema 1

Heriau Byw mewn Amgylchedd Adeiledig

Sut mae ansawdd bywyd a safon byw yn wahanol?

Mae llawer o ffactorau yn effeithio ar ansawdd bywyd pobl. Gellir mesur rhai o'r rhain, ond nid y cyfan. Er enghraifft, gellir mesur faint o arian sydd gennych ond ni ellir mesur effeithiau eich ffrindiau.

Ewch amdani!

Cwblhewch gopi o'r diagram corryn yn Ffigur 1 i ddangos beth sy'n effeithio ar ansawdd eich bywyd:

1. Mae cartref ac ysgol wedi'u rhestru yn y diagram corryn. Dangoswch sut mae'r rhain yn effeithio arnoch chi mewn ffordd gadarnhaol a negyddol. Defnyddiwch liwiau gwahanol.
2. Ychwanegwch ddylanwadau eraill at eich diagram corryn.
3. Ychwanegwch groesgysylltiadau rhwng y prif ddylanwadau.

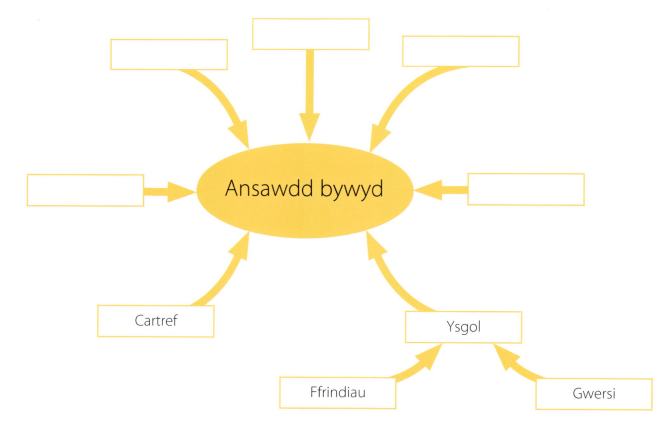

Ffigur 1 Diagram corryn – ansawdd bywyd

Thema 1 | Heriau Byw mewn Amgylchedd Adeiledig

LLIFOLAU ARHOLIAD

Astudiwch Ffigur 2.
- **Rhestrwch dair** nodwedd yn y llun a allai effeithio ar ansawdd bywyd y bobl hyn.
- **Awgrymwch** sut gall pob nodwedd effeithio ar ansawdd eu bywyd.
- **Cymharwch** ansawdd eich bywyd chi ag ansawdd bywyd y bobl hyn.

Ffigur 2 Dylanwadau ar ansawdd bywyd, Ghana wledig

Gwybodaeth fewnol
- Edrychwch yn ofalus ar y termau gorchymyn yn y Llifolau Arholiad uchod (mewn llythrennau trwm). Gwiriwch eu hystyr ar dudalen 15. Rhowch yr hyn a ofynnir amdano yn unig.
- Dysgwch dermau allweddol – er enghraifft beth yw'r gwahaniaeth rhwng trefol a gwledig? Mae eich arholwyr yn disgwyl i chi wybod rhai termau penodol yn yr arholiad.

Ewch amdani!
1. Dewiswch ddau o'r dangosyddion yn Ffigur 3.
2. Eglurwch sut mae pob un o'r rhain yn dangos bod pobl sy'n byw yn Ghana yn debygol o fod ag ansawdd bywyd gwaeth na phobl sy'n byw yn y DU.
3. Pa un o'r diffiniadau yn rhan uchaf tudalen 16 sy'n cyfeirio at ansawdd bywyd a pha un sy'n cyfeirio at safon byw?

	Y DU	Ghana
Disgwyliad oes adeg geni (blynyddoedd)	79	59
CMC y pen (cyfoeth) $UDA	33,238	2,480
Llythrennedd oedolion % (15 oed+)	99	58

Ffynhonnell: Adroddiad Datblygiad Dynol, 2009

Ffigur 3 Dangosyddion safon byw: y DU a Ghana, 2005

Thema 1 | Heriau Byw mewn Amgylchedd Adeiledig

Sut mae modd i gael tai yn wahanol, sut mae hyn yn newid a sut mae'n effeithio ar bobl?

Modd i gael tai

Ble mae pobl yn byw? Mae'n ymddangos bod ateb amlwg i'r cwestiwn hwn ond ystyriwch yr ardal o gwmpas eich ysgol. Pa wahaniaethau sydd o ran mathau o dai? A oes grwpiau o fathau a meintiau tebyg o dai, neu ydyn nhw'n gymysg? Pwy sy'n berchen y tai?

Mae **mathau o dai** yn cynnwys tai sengl, tai pâr, tai teras neu dai tref a fflatiau. Gallan nhw amrywio o rai sy'n fawr iawn i rai sy'n fach iawn. Mae lle ceir y mathau gwahanol hyn o dai yn aml yn eithaf amrywiol ac yn dibynnu ar sut mae aneddiadau wedi datblygu dros amser. Weithiau gellir gweld patrymau syml, ond mae rhai aneddiadau fel Llundain yn rhy fawr i'w dangos.

	Ardal Fusnes Ganolog	**Dinas Fewnol**	**Maestrefi Mewnol**	**Maestrefi Allanol**
Cost Byw	Uchel	Isel	Canolig	Uchel/Isel
Mathau o Dai	Fflatiau	Hen flociau teras Tyrau fflatiau a thai isel yr 1960au Tai tref modern	Cymysgedd o dai sengl a thai pâr	Tai sengl mawr, tyrau fflatiau a thai isel yr 1960au
Perchenogaeth	Perchennog preswyl Rhentu preifat	Perchennog preswyl Rhentu o'r cyngor Rhentu preifat	Perchennog preswyl	Perchennog preswyl Rhentu o'r cyngor

Ffigur 4 Patrwm posibl o fathau o dai mewn tref fawr neu ddinas

Hefyd gall tai gwahanol fod yn addas ar gyfer grwpiau gwahanol o bobl. Er enghraifft, mae anghenion person sengl yn eithaf gwahanol i anghenion teulu sydd â dau blentyn. Mae anghenion pobl o ran tai yn tueddu i newid gydag amser hefyd.

Ewch amdani!

1. Edrychwch ar y trychiad yn Ffigur 4. Disgrifiwch sut mae'r math o dai yn newid o'r Ardal Fusnes Ganolog i'r maestrefi allanol.
2. Lluniadwch drychiad i ddangos newidiadau tebyg yn eich tref neu ddinas agosaf.
3. Defnyddiwch wybodaeth o Ffigur 4 i'ch helpu i egluro'r newidiadau yn eich trychiad chi.
4. Sut mae'r newidiadau hyn yn cymharu â'r trychiad uchod?
5. I ba raddau y byddech chi'n cael patrwm gwahanol pe byddech chi'n lluniadu trychiad i gyfeiriad gwahanol o'r Ardal Fusnes Ganolog?

Mae **perchenogaeth** tai yn eithaf amrywiol hefyd:
- Mae rhai dan berchenogaeth lwyr y bobl sy'n byw ynddyn nhw, neu mae'r bobl yn ad-dalu benthyciad (morgais) gan fanc neu gymdeithas adeiladu. Tai **perchennog preswyl** yw'r rhain.
- Mae rhai pobl yn rhentu eu cartref o **landlord cymdeithasol**, sef landlord nad yw'n gwneud elw. Mae dau brif fath:
  - Mae rhai pobl yn talu rhent i'r awdurdod lleol. Weithiau defnyddir y term **rhentu o'r cyngor** am hyn.
  - Mae rhai pobl yn rhentu o **Gymdeithas Dai**.
- Yn yr un modd, mewn rhai mathau o dai mae'r preswyliwr yn talu rhent i unigolyn preifat sy'n berchen yr eiddo. **Rhentu preifat** yw hyn.
- Weithiau caiff tai presennol eu meddiannu'n anghyfreithlon, neu weithiau caiff tai eu hadeiladu'n anghyfreithlon ar dir nad yw dan berchenogaeth yr adeiladwr. Tai **sgwatwyr** yw'r rhain.

Ewch amdani!

1 Edrychwch ar y disgrifiadau o'r tri theulu isod.

> Pâr ifanc sydd heb blant eto. Mae ganddyn nhw incwm cyfunol uchel a morgais mawr. Mae'r ddau yn gweithio mewn swyddfeydd yng nghanol y ddinas ac yn byw mewn fflat yng nghanol y ddinas.

> Teulu o bedwar, sy'n cynnwys dau blentyn dan 5 oed. Un enillydd cyflog sydd, a gwrthodwyd morgais iddyn nhw ar gyfer prynu tŷ. Maen nhw'n rhentu fflat dan berchenogaeth y cyngor mewn tŵr uchel mewn maestref.

> Hen bâr sy'n byw mewn tŷ sengl â phum ystafell wely mewn maestref allanol. Does ganddyn nhw ddim car bellach.

2 Ar gyfer pob teulu, gwnewch restr o fanteision ac anfanteision byw yn eu cartrefi presennol.

3 Pa deulu sydd â'r math mwyaf addas o lety?

4 Sut gallai amser newid eu hanghenion?

5 Pam nad ydy pobl bob amser yn byw yn y tai sydd fwyaf addas iddyn nhw?

Thema 1 | Heriau Byw mewn Amgylchedd Adeiledig

Tai mewn llawer o'r gwledydd tlotaf

Mae patrwm tai yr un mor gymhleth yn y gwledydd tlotaf ag y mae yn y DU. Ond eto mae rhai patrymau cyffredinol y gellir eu cymhwyso:

Canol → **Maestrefi**

| Ardal Fusnes Ganolog | Ansawdd uchel | Ansawdd isel | Sgwatwyr |

- Mae amrywiaeth ansawdd tai yr un mor eang ag sydd yn y DU.
- Mae cyfran lai o bobl yn byw mewn tai a fflatiau o ansawdd uchel.
- Mae cyfran fwy naill ai'n ddigartref ac yn cysgu ar y strydoedd neu'n byw mewn aneddiadau sgwatwyr.
- Mae llawer o dai sgwatwyr wedi'u gwasgaru'n agos at ganol y ddinas neu ar hyd y priffyrdd.

Mae nodweddion tref neu ddinas a all amharu ar y patrwm sylfaenol o'r canol i'r maestrefi yn cynnwys:
- priffyrdd
- afonydd
- rheilffyrdd
- ardaloedd diwydiannol.

Aneddiadau sgwatwyr

Mae gan y rhain amrywiaeth o enwau, gan gynnwys favelas, trefi sianti, aneddiadau digymell ac aneddiadau anfurfiol. Beth bynnag yw'r enw, maen nhw heb eu cynllunio ac wedi'u hadeiladu ar dir nad yw'n eiddo i'r preswylwyr. Maen nhw'n cynnwys unrhyw fetelau sgrap y gellir dod o hyd iddo ac fel arfer mae diffyg mwynderau sylfaenol fel:
- cyflenwad dŵr wedi'i beipio
- carthffosiaeth brif gyflenwad
- goleuadau stryd
- ffyrdd palmantog
- ffynhonnell o drydan.

Ewch amdani!

Awgrymwch sut mae pob un o'r ffactorau canlynol yn debygol o ddylanwadu ar ba le y bydd anheddiad sgwatwyr yn tyfu:

1. Mae'r rhan fwyaf o'r bobl sy'n byw mewn aneddiadau sgwatwyr yn symud i mewn i'r ddinas o gefn gwlad.
2. Mae dŵr yn bwysig ar gyfer yfed, coginio ac ymolchi.
3. Gall fod yn ddrud cymudo i'r gwaith.
4. Mae'r bobl gyfoethog yn byw yn agos at ganol dinasoedd.
5. Does gan sgwatwyr ddim modd i ddefnyddio cludiant preifat.
6. Mae gorlifdiroedd yn dueddol o gael eu hosgoi gan dai ffurfiol.

Thema 1 | Heriau Byw mewn Amgylchedd Adeiledig

Beth sydd mewn llun?

Fe welwch luniau ym mhobman, mewn papurau newydd, mewn gwerslyfrau ysgol ac ar y teledu er enghraifft. Maen nhw'n bennaf yn gipluniau o adeg benodol ac weithiau fe'u dewisir gan y defnyddiwr i drosglwyddo syniad penodol i'r darllenydd neu'r gwyliwr. Yn eich gwaith cwrs ar y 'mater' a'r arholiad 'datrys problemau' byddwch yn gweld safbwyntiau gwahanol a fydd yn aml yn cael eu hategu gan luniau.

Ffigur 5a Yr Algarve, Portiwgal; nid yw tai o ansawdd isel i gyd yn y gwledydd tlotaf

LLIFOLAU ARHOLIAD

1 Gwnewch fraslun o'r llun yn Ffigur 5a.
2 Labelwch ef i ddangos nodweddion y tai hyn sy'n effeithio ar ansawdd bywyd y bobl sy'n byw ynddyn nhw.
3 Anodwch eich braslun i ddangos sut mae'r nodweddion hyn yn effeithio ar ansawdd eu bywyd.

Ffigur 5b Golygfa stryd, Gaborone, Botswana

Ewch amdani!

Disgrifiwch yn gryno Ffigurau 5a a 5b a'r llun ar glawr blaen y llyfr hwn (golygfa farchnad yn Accra, prifddinas Ghana).

1 Pa deimladau mae pob llun yn eu rhoi i chi ynglŷn â'r lle?
2 Pa luniau y byddech chi'n eu defnyddio i ddangos eich ardal leol chi mewn:
   - ffordd gadarnhaol
   - ffordd negyddol.
3 Eglurwch eich dewis o luniau.

Gwybodaeth fewnol

- Mae rhywun wedi gofyn i chi ychwanegu gwybodaeth at fraslun o ffotograff.
- Defnyddir y term 'labeli' am wybodaeth sy'n disgrifio'r hyn rydych yn ei weld a defnyddir y term 'anodi' am wybodaeth sy'n helpu i egluro rhywbeth.
- Gall fod yn ddefnyddiol ymarfer labelu ac anodi gan ddefnyddio lliwiau gwahanol i wahaniaethu rhwng y ddau.

Thema 1 | Heriau Byw mewn Amgylchedd Adeiledig

Sut mae'r modd i ddefnyddio gwasanaethau yn wahanol, sut mae hyn yn newid a sut mae'n effeithio ar bobl?

Nid yn unig y tŷ neu'r ardal dai lle rydym yn byw sy'n effeithio ar ein bywydau. Mae'r gwasanaethau mae gennym fodd i'w defnyddio yn dylanwadu ar ansawdd ein bywyd hefyd. Bydd argaeledd y rhain yn dibynnu hefyd ar ba le rydym yn byw.

Pa wasanaethau rydych chi'n eu defnyddio a sut maen nhw'n effeithio ar ansawdd eich bywyd? Mae rhai sy'n effeithio'n uniongyrchol arnoch yn ddyddiol neu'n wythnosol yn cynnwys ysgol, siopau, cyfleoedd ar gyfer chwaraeon ac adloniant. Yn achos eraill efallai mai dim ond pan fydd angen i chi eu defnyddio y byddwch yn sylwi arnyn nhw. Mae'r rhain yn cynnwys gwasanaethau fel ysbytai a meddygfeydd.

Yn aml mae gwasanaethau i'w cael mewn rhannau penodol o ardaloedd adeiledig. Mewn gwirionedd, mae rhai yn dangos patrymau eithaf pendant. Mae patrwm pendant o wasanaethau siopa o fewn dinas neu dref fawr, er enghraifft. Mae'r patrwm hwn wedi datblygu a newid dros amser wrth i'n hardaloedd trefol dyfu a newid. Mae'r hen batrwm o dai teras mewn ardaloedd canol dinas yn cael ei chwalu ac wrth i'r rhain gael eu hamnewid, mae llawer o siopau cornel wedi diflannu. Ar y llaw arall, mae'r cynnydd yn y cyfleoedd i deithio, a achoswyd gan well gwasanaethau cludiant cyhoeddus a chynnydd ym mherchenogaeth ceir, wedi hybu twf uwchfarchnadoedd maestrefol a chanolfannau siopa enfawr y tu allan i'r dref. Mae dosbarthu i'r cartref a defnyddio'r rhyngrwyd hefyd erbyn hyn yn cael effaith fawr ar ein patrymau siopa.

Mae cael gwasanaethau mewn ardal benodol yn bwysig. Yn bwysicach o lawer na hynny, fodd bynnag, yw pa mor rhwydd yw hi i bobl gael atyn nhw, naill ai o ddewis fel yn achos siopa ac adloniant, neu oherwydd angen fel yn achos argyfwng.

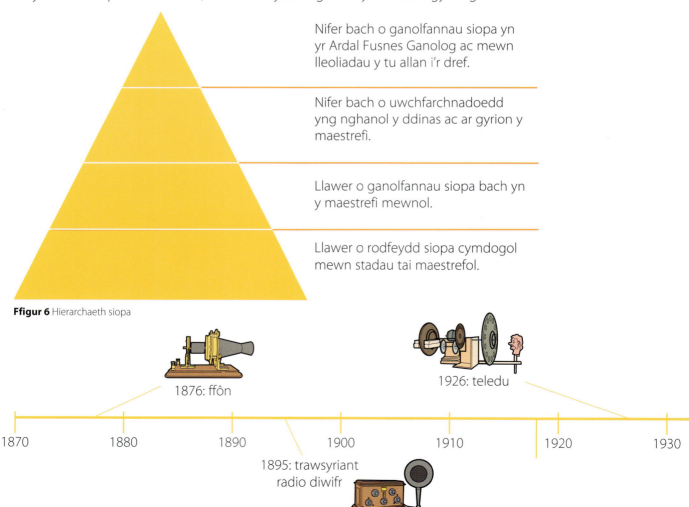

Ffigur 6 Hierarchaeth siopa

- Nifer bach o ganolfannau siopa yn yr Ardal Fusnes Ganolog ac mewn lleoliadau y tu allan i'r dref.
- Nifer bach o uwchfarchnadoedd yng nghanol y ddinas ac ar gyrion y maestrefi.
- Llawer o ganolfannau siopa bach yn y maestrefi mewnol.
- Llawer o rodfeydd siopa cymdogol mewn stadau tai maestrefol.

1876: ffôn
1895: trawsyriant radio diwifr
1926: teledu

Ffigur 7

Thema 1 | Heriau Byw mewn Amgylchedd Adeiledig

Ewch amdani!

1 Edrychwch ar y trychiad yn Ffigur 4 ar dudalen 18. Llungopïwch hwn a defnyddiwch y wybodaeth o Ffigur 6 ar dudalen 22 i ychwanegu pob math o siop at y trychiad yn ei safle cywir.

2 Ar sail y gwasanaethau maen nhw eisiau eu defnyddio, awgrymwch un rhan o'r ddinas yn y trychiad lle byddai orau i'r bobl a ddisgrifir isod fyw.

3 Eglwch bob un o'ch dewisiadau.

4 Pam nad yw'r dewis o ba le i fyw mor syml?

> Hen bâr nad ydynt yn berchen car, sy'n hapus gan amlaf i aros gartref ond sy'n mynd i ganol y ddinas a'r uwchfarchnad leol i siopa.

> Mam sydd â dau blentyn bach. Mae hi i ffwrdd o'i gwaith ar absenoldeb mamolaeth ac mae angen iddi siopa'n rheolaidd am nwyddau darfodus.

> Arddegwr sydd â'i ddiddordebau'n cynnwys cefnogi'r tîm pêl-droed lleol a mynd i'r sinema.

> Golffwr brwd sydd heb fodd i ddefnyddio cludiant preifat.

LLIFOLAU ARHOLIAD

Wrth awgrymu lle gallai pob un o'r bobl ddymuno byw, rydych eisoes wedi gweithio allan pam y gallai fod yn well iddyn nhw fyw yno. Mae egluro eich dewis yn golygu dim mwy na rhoi'r ystyriaethau hynny ar ffurf ysgrifenedig.

Ewch amdani!

1 Edrychwch ar y llinell amser yn Ffigur 7.

2 Disgrifiwch yn gryno sut mae'r llinell amser wedi newid cyfathrebu.

3 Eglurwch sut mae'r newidiadau mewn cyfathrebu ar y llinell amser wedi gwella ansawdd eich bywyd.

4 Awgrymwch effeithiau negyddol y newidiadau.

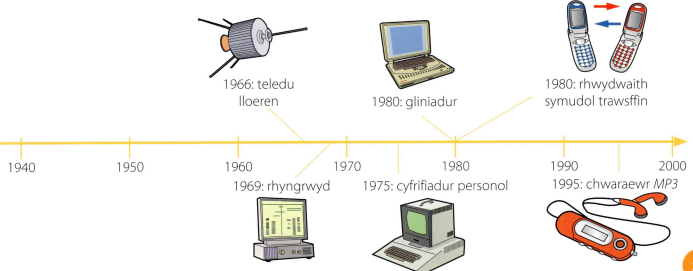

Thema 1 | Heriau Byw mewn Amgylchedd Adeiledig

Pwy sy'n cynllunio'r newidiadau yn yr amgylchedd adeiledig, pa wrthdaro a achosir a sut gallai amgylchedd adeiledig cynaliadwy gael ei ddatblygu?

Pwy, mewn gwirionedd, sy'n gwneud y penderfyniadau sy'n effeithio ar ein bywydau? Faint o lais sydd gennych chi neu eich rhieni yn y newidiadau i'ch ardal chi? I ba raddau mae'r grym go iawn yn nwylo nifer bach o bobl? Allwch chi ddylanwadu ar eu penderfyniadau mewn gwirionedd?

Dangosir y prif chwaraewyr mewn penderfyniad cynllunio trefol traddodiadol yn Ffigur 8.

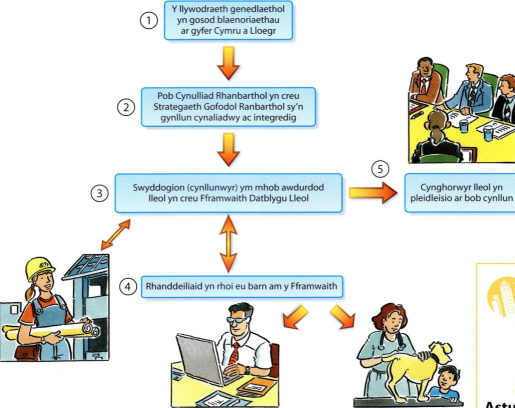

Ffigur 8 Tair haen gwneud penderfyniadau yn y broses gynllunio

Ewch amdani!

1 Disgrifiwch y broses gynllunio yn Ffigur 8.
2 Pwy yn ôl pob golwg sydd â'r mwyaf o rym?
3 Edrychwch ar Ffigur 9 ar dudalen 25. Pa 5 o'r 11 o 'safonau' eco-dref sy'n bwysicaf yn eich barn chi?
4 I ba raddau, yn eich barn chi, mae'r dull hwn o gynllunio yn torri ymaith o'r model cynllunio traddodiadol?

Eco-drefi

Mae eco-drefi yn gymunedau newydd sy'n cael eu cynllunio ar hyn o bryd a fydd yn rhoi lle i rhwng 5000–15,000 o gartrefi, mannau tir glas, ysgolion, cyfleusterau gofal iechyd, busnesau a siopau. Bydd pob un yn ceisio amlygu'r gorau o'n technolegau gwyrdd newydd a byddan nhw'n cael eu hadeiladu yn ôl y lefel uchaf o ddylunio.

Astudiaeth Achos – y wybodaeth

Ble mae eich eco-dref agosaf? Ymchwiliwch i hyn ar y rhyngrwyd. Defnyddiwch y wybodaeth a gewch ar-lein a'r wybodaeth yn Ffigur 9 i gynllunio ateb i'r cwestiynau Astudiaeth Achos canlynol:

1 Enwch ardal o newid cynlluniedig.
2 Disgrifiwch ei lleoliad.
3 Eglurwch sut gall y newid effeithio ar bobl a'r amgylchedd.

Dull gwahanol? Arolwg o eco-drefi gan Lywodraeth y DU ar y we

Mae'r wybodaeth yn Ffigur 9 yn seiliedig ar wefan a noddwyd gan y llywodraeth. Gallwch fynd yn syth i'r wefan http://ecotownsyoursay.direct.gov.uk/my-eco-town/what-should-it-look-like/ neu defnyddiwch y wybodaeth a roddir isod.

Mae pob un o'r safonau yn cynrychioli agwedd bwysig ar greu eco-dref. Rhaid i chi benderfynu pa rai o'r safonau sy'n bwysig i chi. Ar y wefan byddai gofyn i chi ddewis y pump sy'n bwysicaf yn eich barn chi.

Safon 1 – Adeiladu'r eco-drefi
Rydyn ni eisiau sicrhau bod eco-drefi yn gymunedau ffyniannus o'r diwrnod cyntaf.

Mae hynny'n golygu sicrhau bod cludiant, isadeiledd boddhaol a gwasanaethau cyhoeddus yr un mor bwysig â thai.

Bydd y safon hwn yn sicrhau y bydd pobl â modd hawdd i ddefnyddio'r gwasanaethau o safon sydd eu hangen arnyn nhw.

Safon 2 – Rhoi llais i'r gymuned
Rhaid i bobl sy'n byw mewn eco-drefi gael llais yn y ffordd y gweithredir pethau.

Rhaid i bob eco-dref gael strwythur tymor hir sy'n cael ei weithredu gan breswylwyr i sicrhau bod datblygwyr yn cwrdd â'r safonau iawn a'u bod yn cael eu cynnal yn y dyfodol, a chynllun ar gyfer sut byddan nhw'n cynnwys y gymuned mewn penderfyniadau pwysig.

Safon 3 – Cyflawni sero carbon
Dros flwyddyn, rhaid i allyriadau carbon net o'r holl egni a ddefnyddir mewn adeiladau mewn eco-drefi fod yn sero neu lai.

Bydd angen i ddatblygwyr ddangos sut byddan nhw'n cyflawni hyn.

Safon 4 – Cludiant
Dylai preswylwyr eco-drefi allu mynd o gwmpas yn hawdd heb ddibynnu ar eu ceir.

Dylai eco-drefi roi blaenoriaeth i gerdded, beicio a chludiant cyhoeddus da – dylai o leiaf hanner o'r holl deithiau fod heb gar. A dylai cartrefi fod o fewn taith gerdded 10 munud i gludiant cyhoeddus mynych yn ogystal â gwasanaethau cymdogol.

Safon 5 – Cartrefi
Dylai cartrefi mewn eco-drefi fod â monitro egni amser-real i ddangos i deuluoedd faint o egni maen nhw'n ei ddefnyddio a faint maen nhw'n ei wario.

Hefyd dylai cartrefi fod â band llydan cyflymder uchel a gwybodaeth fyw am gludiant cyhoeddus.

Bydd gan eco-drefi o leiaf 30% o dai sy'n fforddiadwy i enillwyr incwm isel.

Safon 6 – Cyflogaeth
Dylai preswylwyr eco-drefi allu gweithio yn eu cymuned. Dylai cynlluniau gefnogi creu swyddi a datblygu busnesau – yn enwedig swyddi sy'n hawdd eu cyrraedd heb gar.

Rhaid i o leiaf un swydd y tŷ, ar gyfartaledd, fod yn hawdd ei chyrraedd drwy gerdded, beicio neu gludiant cyhoeddus.

Safon 7 – Gwasanaethau lleol
Bydd teuluoedd sy'n byw mewn eco-drefi yn mwynhau cymuned iachus a bywiog – yn cynnwys hamdden, iechyd a gofal cymdeithasol; addysg, adwerthu, diwylliant a gwasanaethau llyfrgell; chwaraeon a chwarae, cyfleusterau cymunedol a chyfleusterau sector gwirfoddol.

Safon 8 – Addasu i newid hinsawdd
Dylai eco-drefi gael eu hadeiladu â newid hinsawdd mewn cof a dylen nhw allu gwrthsefyll newidiadau hinsawdd yn y dyfodol fel y bydd gan breswylwyr hyder ar gyfer y tymor hir.

Safon 9 – Dŵr a llifogydd
Mae effeithlonrwydd dŵr yn bwysig iawn er mwyn i eco-drefi ddiogelu a gwarchod argaeledd yr adnodd hwn.

Hefyd bydd angen gofalu wrth gynllunio adeiladau i ddiogelu pobl rhag perygl llifogydd.

Safon 10 – Tir glas
Rhaid bod o leiaf 40% o dir glas mewn eco-dref. A rhaid bod o leiaf hanner hwnnw yn dir cymunedol. Dylai cynlluniau fod ag amrywiaeth o fannau tir glas o ansawdd da, er enghraifft coedwigoedd cymunedol, gwlyptiroedd a sgwariau tref.

Dylid canolbwyntio'n arbennig ar dir ar gyfer tyfu bwyd yn lleol fel gerddi cymunedol a rhandiroedd.

Hefyd mae angen i gynlluniau ddangos sut caiff bywyd gwyllt a nodweddion amgylcheddol naturiol eu gwarchod er mwyn i bobl eu mwynhau.

Safon 11 – Gwastraff
Rhaid i eco-drefi leihau gwastraff ac ailgylchu gryn dipyn yn fwy na'r targedau cenedlaethol, yn ogystal â gwneud defnydd o wastraff mewn ffyrdd newydd, e.e. tanwydd.

Ffigur 9 Arolwg o eco-drefi gan Lywodraeth y DU ar y we

Beth yw achosion ac effeithiau mudo a sut gellir eu rheoli mewn ffordd gynaliadwy?

Pobl yn symud o un lle i le arall er mwyn byw yw **mudo**. Defnyddir y term mudwyr am y bobl sy'n symud. Gall mudo fod o un lle i le arall yn yr un wlad neu gallai fod yn rhyngwladol, o un wlad i wlad arall. Mae mudo'n digwydd oherwydd nifer o ffactorau gwthio a thynnu. Yr agweddau ar ardal sy'n hybu pobl i symud i ffwrdd yw ffactorau gwthio. Nodweddion ardal sy'n denu pobl yw ffactorau tynnu.

Ffigur 10 Ffactorau gwthio a thynnu posibl

Mudo trefol i wledig

Un o nodweddion gwledydd mwy cyfoethog, fel y DU, yw pobl yn symud o ardaloedd trefol i ardaloedd gwledig. Hynny yw, mae pobl yn mudo o'r dinasoedd i bentrefi cefn gwlad.

Mae rhai dylanwadau sy'n hybu pobl i fudo o ardaloedd trefol i ardaloedd gwledig yn cynnwys eu canfyddiadau o'r canlynol:
- llygredd aer
- tagfeydd ar y ffyrdd
- aer glân
- ofn troseddau
- ffyrdd gwag
- cymuned gyfeillgar.

Pentrefi yn ymladd yn ôl?

Yn aml mae gan bobl sy'n mudo i ardaloedd gwledig anghenion gwahanol i'r bobl sydd yno eisoes. Mae'r newydd-ddyfodiaid yn aml yn cymudo i'w gwaith mewn trefi a dinasoedd cyfagos ac yna'n defnyddio'r gwasanaethau sydd i'w cael yno. Maen nhw hefyd yn talu prisiau uchel am dai, gan adael pentrefwyr ifanc yn methu fforddio tai yn y pentref ac, o ganlyniad, yn eu gorfodi nhw i symud i ffwrdd.

Mae'r *Campaign to Protect Rural England* (*CPRE*) yn pryderu am y materion hyn ynghylch tai, ond mae'n gofidio hefyd bod mudo i mewn i bentrefi gan bobl o'r tu allan yn fygythiad i wasanaethau lleol:

> *Mae'r CPRE yn credu bod gwasanaethau gwledig fel swyddfeydd post, banciau, siopau lleol, ysgolion, bysiau a thafarnau yn chwarae rhan hanfodol yn economïau a chymunedau ardaloedd gwledig. Mae er ein lles ni i gyd i sicrhau bod gennym gefn gwlad lle gall pobl gael at wasanaethau gerllaw. Mae gwasanaethau lleol yn gwella ansawdd bywyd ac yn dod â buddion amgylcheddol fel llai o deithio a lefelau is o drafnidiaeth.*
>
> (CPRE, Datganiad Polisi, Mawrth 2006)

Thema 1 | Heriau Byw mewn Amgylchedd Adeiledig

Ewch amdani!

1. Edrychwch ar dudalen 26 ar y chwe dylanwad ar fudo o ardaloedd trefol i ardaloedd gwledig.
2. Cwblhewch gopi o'r tabl isod.
3. Ychwanegwch chi eich hun ddau ddylanwad.

Gwthio trefol	Tynnu gwledig	Eglurhad
Llygredd aer	Aer glân	Pryderu am yr effeithiau ar iechyd o anadlu aer a lygrir gan gerbydau mewn dinas. Canfyddiad o lawer llai o effaith mewn pentrefi.
Ofn troseddau		
Tagfeydd ar y ffyrdd		

LLIFOLAU ARHOLIAD

Os gofynnir i chi mewn arholiad roi dau reswm pam mae pobl yn mudo o un ardal i ardal arall peidiwch â rhoi pâr sy'n cydweddu â'i gilydd. Er enghraifft, peidiwch â dyfynnu 'llygredd aer' ac 'aer glân' o'r tabl uchod.

Yn hytrach, rhowch ddau reswm hollol wahanol, er enghraifft 'llygredd aer' ac 'ofn troseddau' yn y dinasoedd.

Ewch amdani

Defnyddiwch y datganiad gan y *CPRE* i ateb y cwestiwn arholiad canlynol:

(a) Rhestrwch ddau wasanaeth pentref mae'r *CPRE* yn dymuno eu cadw. [2]
(b) Rhowch un rheswm ar gyfer pob un o'r ddau wasanaeth hyn i egluro pam mae'n debygol o ddiflannu o'r pentref. [4]
(c) Eglurwch effaith cau'r gwasanaeth ar bobl leol sydd heb gludiant preifat. [4]
(ch) Mae'r *CPRE* yn teimlo y bydd cadw gwasanaethau pentref yn helpu'r amgylchedd. Eglurwch pam maen nhw'n credu hyn. [4]

Gwybodaeth fewnol

Ystyriwch y syniadau canlynol wrth ateb y cwestiwn uchod.

(a) Gofynnir i chi restru yn unig. Y cyfan sydd angen i chi ei wneud yw ysgrifennu enwau dau wasanaeth o erthygl y *CPRE*. Peidiwch ag ysgrifennu mwy. Peidiwch ag enwi gwasanaethau nad ydynt yn yr erthygl.
(b) Mae dau farc am bob rheswm, felly bydd angen i chi ymhelaethu ar eich ateb yma. Er enghraifft, os byddwch yn dewis 'bysiau', nid yw'n ddigon dweud 'Mae mwy o bobl yn teithio mewn car preifat'. Bydd angen i chi ychwanegu gosodiad 'felly beth?' fel 'felly bydd llai o alw am gludiant cyhoeddus yn golygu gwasanaeth llai neu ddim gwasanaeth o gwbl.'
(c) a (ch) Ym mhob un o'r cwestiynau hyn mae gennych ddewis o ateb. Nid yw'r naill gwestiwn na'r llall yn dweud wrthych faint o resymau mae angen i chi eu rhoi, felly gallech roi amrywiaeth o atebion yn y ffyrdd canlynol:

Gosodiadau	Marciau
Pedwar gosodiad syml heb ddim ymhelaethu	4 x 1
Un gosodiad syml ynghyd â thri gosodiad ymhelaethu neu 'felly beth?' sy'n gysylltiedig	1 + 1 + 1 + 1
Dau osodiad syml. Mae un â dau osodiad ymhelaethu neu 'felly beth?' sy'n gysylltiedig	1 + (1 + 1 + 1)
Dau osodiad syml, mae pob un ag un gosodiad ymhelaethu neu 'felly beth?' sy'n gysylltiedig'	2 x (1 + 1)

Mudo gwledig i drefol

Gwthiad cefn gwlad

Mewn llawer o wledydd tlotaf y byd mae'r mudo yn mynd o ardaloedd gwledig i ardaloedd trefol. Mae amodau byw sy'n gwthio pobl i ffwrdd o gefn gwlad yn debygol o gynnwys:

- ansawdd gwael bywyd pob dydd a achosir gan ddiffyg gwaith
- dim ysgol yn y pentref
- pellter mawr i gymorth meddygol
- cyflenwad annibynadwy o ddŵr.

Ymateb i drychinebau

Er y gall amodau byw fod yn anodd iawn mewn rhai ardaloedd, yn aml mae'r penderfyniad terfynol i fudo yn cael ei wneud pan fydd yna drychineb, er enghraifft llifogydd neu sychder. Mae rhai o'r trychinebau mwyaf dinistriol yn ganlyniad i broblemau a achosir gan bobl.

Zimbabwe

Yn rhan gyntaf y 2000au fe wnaeth miliynau o fudwyr groesi'r ffin o Zimbabwe i mewn i Dalaith Limpopo yn Ne Affrica. Ers sawl blwyddyn mae'r wlad wedi cael ei rheoli'n wael gyda diweithdra uchel a chwyddiant cyflym, sy'n ei gwneud yn anodd i bobl fyw yno. Mae rhai o'r mudwyr yn geiswyr lloches swyddogol neu'n fudwyr economaidd â thrwyddedau gwaith. Ond mae'r rhan fwyaf yn fudwyr anffurfiol sydd heb ddogfennau. Maen nhw wedi symud yn bennaf drwy anobaith ond hefyd â'r bwriad o anfon arian yn ôl i helpu rhai o'u teulu sy'n dal yn Zimbabwe.

> **Ceisiwr lloches** (*asylum seeker*): ar sail dda mae ag ofn erledigaeth yn ei famwlad am resymau sy'n cynnwys barn wleidyddol, crefydd, ethnigrwydd, hil/ cenedligrwydd, neu aelodaeth o grŵp cymdeithasol penodol.

> **Mudwr economaidd:** mae'n symud o un wlad i wlad arall am waith neu gyfleoedd economaidd eraill.

Ffigur 11 Mudo o Dalaith Limpopo yn ystod 2005

Thema 1 | Heriau Byw mewn Amgylchedd Adeiledig

Ewch amdani!

Cwblhewch gopi o'r tabl isod i ddangos sut mae amodau byw yn cael effaith negyddol ar ansawdd bywyd pobl mewn rhai ardaloedd gwledig. Defnyddiwch y pedwar amod o'r dudalen flaenorol ac ychwanegwch chi eich hun bumed amod.

Amodau byw gwledig	Effaith ar ansawdd bywyd
Diffyg gwaith	
Dim ysgol yn y pentref	(felly) ni all plant ddarllen ac ysgrifennu (felly) wnân nhw ddim cael swyddi â chyflog da.
Pellter mawr i gymorth meddygol	
Cyflenwad annibynadwy o ddŵr	

Ewch amdani!

1. Darllenwch y wybodaeth am Zimbabwe.
2. Beth yw'r gwahaniaeth rhwng ceisiwr lloches a mudwr economaidd?
3. Awgrymwch sut gallai llywodraeth De Affrica deimlo ynghylch mudwyr anffurfiol. Eglurwch eich barn.
4. Mae llawer o fudwyr yn aros yn agos at y ffin rhwng De Affrica a Zimbabwe. Pam o bosibl mae hyn yn digwydd?
5. Defnyddiwch y map yn Ffigur 11 i'ch helpu chi i ddisgrifio patrwm symudiad mudwyr o Dalaith Limpopo i weddill De Affrica.

Gwybodaeth fewnol

Mae cwestiwn sy'n gofyn i chi ddefnyddio map i ddisgrifio patrymau yn eithaf cyffredin yn yr arholiad. Wrth ateb un gwnewch yn siŵr eich bod chi'n:
- disgrifio'r patrwm cyffredinol
- rhoi eithriadau i'r patrymau cyffredinol
- defnyddio ffigurau manwl gywir.

Gwnewch yn siŵr *nad* ydych yn cynnig esboniadau am y patrymau rydych chi wedi eu disgrifio.

Ewch amdani!

1. Darllenwch yr erthygl newyddion isod am effeithiau mudo ar blant.
2. Rhestrwch ffyrdd mae bywyd plentyn mewn pentref yn Zimbabwe yn debygol o fod yn wahanol i'ch bywyd chi.

Effeithiau mudo ar blant

Mae amodau cymdeithasol yn Zimbabwe, yn debyg i lawer o wledydd eraill yn Affrica, yn newid yn gyflym. Mae llawer o benaethiaid cartrefi yn mudo o ardaloedd gwledig i'r dinasoedd. Yn aml, fodd bynnag, mae hyn yn fan aros ar y ffordd i fywyd newydd yn Ne Affrica. Mae'r mudwyr yn aml yn oedolion ifanc, sef aelodau mwyaf cynhyrchiol y teulu. Gwneir y symudiadau hyn yn fwy niweidiol gan y ffaith bod y gyfran o bobl sy'n HIV positif mewn rhai dinasoedd tua 25%. Mae llawer yn analluog i ofalu am eu teuluoedd.

Y llinell waelod yw bod llawer o gartrefi erbyn hyn yn cael eu rhedeg gan y plentyn hynaf. Mae bron yn amhosibl i'r 'penaethiaid cartrefi' hyn gael yr addysg sydd ei gwir angen arnyn nhw. Allan nhw ddim mynd i'r ysgol pan fydd eu hamser yn cael ei gymryd yn bennaf gan y cyfrifoldeb oedolyn o fwydo eu brodyr a'u chwiorydd iau. Maen nhw'n cael eu gorfodi i dyfu i fyny yn llawer rhy gyflym.

Mae'r rhai sydd â'u rhieni wedi mudo yn byw yn y gobaith y byddan nhw'n dychwelyd yn gyfoethocach nag roedden nhw wrth adael neu y byddan nhw'n anfon arian adref yn rheolaidd i sicrhau bwyd a lloches i'r teulu. Yn anffodus, dydy hynny ddim yn digwydd yn aml iawn.

Ffynhonnell: Stuart Currie

Thema 1 | Heriau Byw mewn Amgylchedd Adeiledig

Go brin y bydd realiti mudo yn y gwledydd tlotaf gystal â'r disgwyliadau, naill ai ar y daith neu pan fyddan nhw'n cyrraedd pen eu taith.

dibynnol ar elusen

teithio ar ei ben ei hun

byw yn yr awyr agored

Ffigur 12 Mudwr ifanc unig

Tyniad y dinasoedd

Mae pobl yn cael eu tynnu i'r dinasoedd gan ganfyddiad o fywyd gwell. Maen nhw'n cael eu denu gan adroddiadau cadarnhaol pobl sydd wedi gadael y pentref cyn nhw ac yn disgwyl gweld yr holl nodweddion hynny oedd ar goll o'u bywydau yng nghefn gwlad.

Y realiti

Go brin y bydd mudwyr yn gweld y tai neu'r swyddi maen nhw'n eu ceisio. Mae llawer o'r gwaith yn anffurfiol ac mae'r tai yn debygol o fod yn annedd slym (gweler tudalen 21) ar y gorau. Mae llawer o fudwyr yn byw ar y strydoedd.

Pwysau ar awdurdodau'r ddinas

Mae dylifiad mawr o bobl i mewn i ardal drefol yn debygol o roi llawer iawn o bwysau ar awdurdodau'r dref neu ddinas. Bydd angen iddyn nhw ymateb i'r galw am swyddi, addysg, gofal iechyd a thai.

Mewn llawer o ddinasoedd mae'r awdurdodau wedi gweithio gyda sgwatwyr i ddarparu ar eu cyfer tŷ brics ag un ystafell neu ddwy, cyflenwad o ddŵr wedi'i beipio, carthffosiaeth brif gyflenwad, cyflenwad o drydan a gardd fach. Caiff ffyrdd palmantog a goleuadau stryd eu darparu ar eu cyfer hefyd. Gelwir cymunedau o'r fath yn gynlluniau safle a gwasanaeth.

Ewch amdani!

Edrychwch ar y llun o'r mudwr ifanc yn Ffigur 12. Gall bywyd fod yn beryglus i fudwyr fel hyn. Eglurwch pam.

Thema 1 | Heriau Byw mewn Amgylchedd Adeiledig

Ewch amdani!

1. Brasluniwch dŷ brics a labelwch ef â nodweddion annedd safle a gwasanaeth.
2. Eglurwch sut mae pob nodwedd yn debygol o ddarparu gwell ansawdd bywyd i'r preswylwyr na'r annedd sgwatwyr y buon nhw'n byw ynddo cyn hyn.

Astudiaeth Achos

Rhowch gynnig ar y cwestiwn Astudiaeth Achos hwn ar sail yr hyn rydych chi'n ei wybod am fudo i ardal drefol.

Ar gyfer mudo i ardal drefol:
(a) Enwch yr ardal drefol a nodwch ei leolad.
(b) Disgrifiwch yr amodau tai trefol mae mudwyr yn eu hwynebu.
(c) Eglurwch pam y digwyddodd y mudo.

Gwybodaeth fewnol

- Mae eich atebion Astudiaeth Achos yn cael eu marcio gan ddefnyddio cynllun marcio 'lefelau ymateb'. Mae'n rhoi marciau i chi yn ôl ansawdd eich ateb yn hytrach na nifer y pwyntiau a wnewch.
- Dylai eich ateb gyd-fynd ag un o'r lefelau yn y cynllun marcio.
- Pan fyddwch chi wedi ateb yr Astudiaeth Achos ar fudo, defnyddiwch un o'r cynlluniau marcio i wirio eich ateb.
- Trwy'r Astudiaeth Achos, bydd yr arholwr yn marcio ansawdd eich sillafu a'ch gramadeg hefyd.

Haen Sylfaenol

Lefel	Disgrifiad/Eglurhad
1 1–2 farc	Y dewis o astudiaeth achos yn cael ei gymhwyso'n weddol dda. Yn rhoi disgrifiad neu eglurhad syml.
2 3–4 marc	Y dewis priodol o astudiaeth achos yn cael ei gymhwyso'n dda. Yn rhoi pwyntiau disgrifiadol ynghyd â rhywfaint o egluro.
3 5 marc	Y dewis priodol o astudiaeth achos yn cael ei gymhwyso'n dda iawn. Yn darparu adroddiad cytbwys sy'n cynnwys disgrifio ac egluro penodol.

Haen Uwch

Lefel	Disgrifiad/Eglurhad
1 1–2 farc	Yn rhoi disgrifiad a/neu eglurhad generig, sylfaenol.
2 3–4 marc	Astudiaeth achos briodol yn cael ei henwi. Yn darparu adroddiad sy'n cynnwys rhywfaint o ddisgrifio a/neu egluro penodol.
3 5–6 marc	Astudiaeth achos briodol yn cael ei chymhwyso'n dda. Yn darparu adroddiad cytbwys sy'n cynnwys disgrifio ac egluro manwl.
4 7–8 marc	Dewis priodol o astudiaeth achos yn cael ei gymhwyso'n dda iawn. Yn darparu adroddiad soffistigedig sy'n cynnwys disgrifio ac egluro penodol a chwbl fanwl gywir.

Thema 1 | Heriau Byw mewn Amgylchedd Adeiledig

Beth yw achosion ac effeithiau'r cynnydd yn y defnydd o ardaloedd gwledig a sut gellir rheoli'r rhain mewn ffordd gynaliadwy?

Mae llawer o bobl yn byw'n hirach erbyn hyn ac mae gweithwyr yn cael mwy o wyliau nag yn y gorffennol. Mae hyn i gyd yn arwain at fwy o amser hamdden. Hefyd gall pobl symud o le i le yn gyflymach ac yn rhatach, felly gallwn deithio ymhellach i fwynhau ein hunain. Rhaid bod hyn yn newyddion da, onid yw? Nid bob tro (gweler Ffigur 13).

Ffigur 13 Gwrthdaro yng nghefn gwlad

Gormod o ymwelwyr?

Mae pwysau ar ardaloedd o harddwch naturiol eithriadol nid yn unig yn gallu achosi gwrthdaro rhwng y gwahanol ddefnyddwyr, ond hefyd yn gallu difrodi'r union amgylcheddau rydyn ni eisiau ymweld â nhw.

Mae Rhaeadr Niagara yn safle pot mêl. Mae'n denu niferoedd enfawr o bobl i weld a chlywed hanner miliwn o alwyni o ddŵr yn disgyn dros y rhaeadr bob eiliad. Mae tua 6 miliwn o dwristiaid yn dod i weld hyn bob blwyddyn. I ddarparu ar gyfer y twristiaid, mae'r ardal wedi cael ei llenwi â gwestai a thai bwyta ac mae llawer o bobl yn ennill bywoliaeth o'r rhain.

> **Safle pot mêl:** Lle sy'n denu llawer o dwristiaid. Ar adegau brig, gallan nhw fod yn orlawn. Mae perygl y cân nhw eu difetha gan sŵn a sbwriel yr ymwelwyr.

Ffigur 14 Rhaeadr Niagara

Thema 1 | Heriau Byw mewn Amgylchedd Adeiledig

Ewch amdani!

Edrychwch ar y cartŵn yn Ffigur 13, sy'n dangos gwrthdaro mewn ardal o harddwch naturiol.

Un enghraifft o hyn yw gwrthdaro rhwng ffermwyr a heicwyr yn yr ardal. Mae'r cartŵn yn dangos bod rhai heicwyr yn gadael gatiau fferm ar agor, sy'n caniatáu i anifeiliaid ddianc i'r heol. O ganlyniad, gallai'r anifeiliaid fferm gael eu lladd neu eu hanafu gan gerbydau modur, a byddai hynny yn ei dro yn achosi colled enillion i'r ffermwr.

	Ffermwr	Heiciwr	Modurwr	Picniciwr	
Ffermwr		✔			
Heiciwr					
Modurwr					
Picniciwr					

1. Rhowch ddau dic arall ar gopi o'r tabl i nodi meysydd eraill o wrthdaro. Ar gyfer pob gwrthdaro rydych chi wedi'i nodi, eglurwch y rheswm drosto.
2. Ychwanegwch ddefnyddiwr posibl arall o'r dyffryn at eich tabl ac eglurwch sut gallai'r person hwn ychwanegu at y gwrthdaro.

Gwybodaeth fewnol

Efallai y gofynnir i chi ddefnyddio braslun neu linfap wedi'i labelu a'i anodi yn yr arholiad. Felly, mae angen i chi wybod y gwahaniaeth rhwng labelu ac anodi.

Labelu yw ysgrifennu'r hyn sydd yno, ac anodi yw egluro rhywbeth am y nodwedd rydych chi wedi'i labelu.

Er enghraifft, byddwch chi'n labelu'r ffordd ddeuol drwy ddefnyddio'r ddau air 'ffordd ddeuol', ond byddwch chi'n anodi hyn drwy ysgrifennu rhywbeth fel 'mae'n ei gwneud yn haws i ymwelwyr yrru o gwmpas yr ardal'.

Ewch amdani!

Edrychwch ar y llun o Raeadr Niagara (Ffigur 14) ac yna edrychwch ar Ffigur 15.

1. Labelwch gopi o'r braslun i ddangos y canlynol: y rhaeadr, gwestai, ffordd ddeuol, caffi.
2. Anodwch y braslun i ddangos sut gallai pob un o'r nodweddion rydych chi wedi'u labelu ddenu ymwelwyr.
3. Awgrymwch sut mae poblogrwydd Rhaeadr Niagara wedi gwneud y lle hwn yn lle llai atyniadol i ymweld ag ef.

Ffigur 15 Pwysau twristiaid ar Raeadr Niagara

Thema 1 | Heriau Byw mewn Amgylchedd Adeiledig

Creu a chynnal cymunedau gwledig

Gwarchod ardaloedd o harddwch naturiol

Mae'r pwysau mae rhai ardaloedd o harddwch naturiol yn eu dioddef wedi cael eu cydnabod ers amser maith a rhoddwyd pwerau arbennig i awdurdodau er mwyn eu gwarchod nhw rhag gweithredoedd pobl. Defnyddir y term Parciau Cenedlaethol am y mwyaf gwarchodedig o'r ardaloedd hyn. Cafodd Parc Cenedlaethol cyntaf y byd ei greu yn Yellowstone yn UDA yn 1872. Y Parc Cenedlaethol cyntaf yng Nghymru a Lloegr oedd Parc Cenedlaethol Ardal y Peak a sefydlwyd yn 1951.

LLIFOLAU ARHOLIAD

Rhowch gynnig ar y cwestiwn arholiad hwn gan ddefnyddio'r map ar y dudalen hon a'r dudalen gyferbyn.

(a) Cymharwch ddosbarthiad rhanbarthau Lloegr sydd â chanran uchel o ail gartrefi â dosbarthiad Parciau Cenedlaethol. [4]

(b) Awgrymwch ac eglurwch ddau reswm dros y dosbarthiadau rydych chi wedi'u disgrifio. [4]

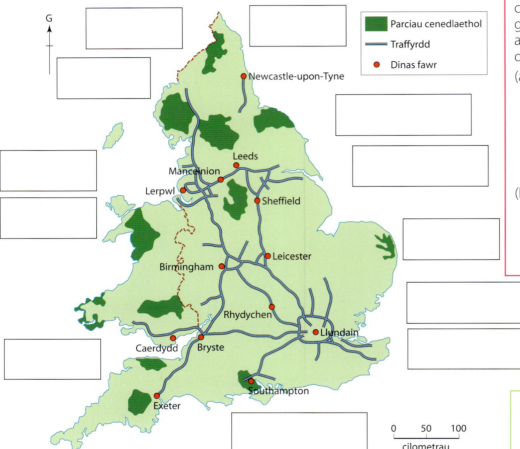

Ffigur 16 Parciau Cenedlaethol Cymru a Lloegr

Mae gan Barciau Cenedlaethol Cymru a Lloegr dri nod:
- Cadw a gwella harddwch naturiol ac etifeddiaeth ddiwylliannol y Parc Cenedlaethol.
- Hyrwyddo cyfleoedd i'r cyhoedd fwynhau a deall nodweddion arbennig y Parc Cenedlaethol.
- Meithrin lles economaidd a chymdeithasol cymunedau sy'n byw o fewn y Parc Cenedlaethol.

Ewch amdani!

Defnyddiwch atlas i'ch helpu chi i labelu copi o Ffigur 16 i ddangos enw a lleoliad pob Parc Cenedlaethol.

Gwybodaeth fewnol

Pan ofynnir i chi gymharu, rhaid i chi ddweud sut mae pethau'n debyg ac yn wahanol i'w gilydd. Bydd defnyddio geiriau fel 'yn yr un modd' pan fydd cydberthyniad positif ac 'ond' pan fydd cydberthyniad negatif yn eich helpu chi i wneud hyn.

Thema 1 | Heriau Byw mewn Amgylchedd Adeiledig

Ail gartrefi – mater sy'n wynebu Parciau Cenedlaethol

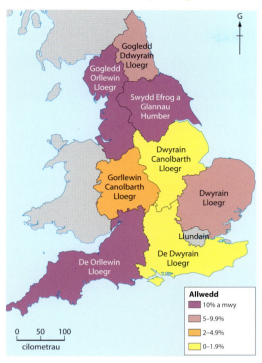

Mae pentref Brendon yng ngogledd Parc Cenedlaethol Exmoor yn lle dianc delfrydol i breswylwyr dinasoedd. Yn nyffryn coediog hardd Dwyrain Lyn, yn agos at ardal Lorna Doone, ceirw coch a gweundir agored, mae'n hawdd deall pam mae llawer yn dod yma i ddianc rhag straen y swyddfa. Ond erbyn hyn mae hyd at 40% o'r eiddo yn y pentref yn ail gartrefi, sy'n wag am y rhan fwyaf o'r flwyddyn.

Efallai y bydd hynny'n newid cyn bo hir. Mae Exmoor eisiau rhoi terfyn ar brisio pobl leol allan o'r farchnad dai drwy atal pobl o'r tu allan rhag prynu ail gartrefi. Mae awdurdod y parc yn bwriadu cyfarfod o fewn mis i bleidleisio ar y mater, a hwn fyddai'r parc cenedlaethol cyntaf i osod gwaharddiad o'r fath.

Bydd Exmoor yn ystyried mynnu newid o ddefnydd yn achos eiddo mae pobl yn byw ynddo am lai na chwe mis y flwyddyn mewn plwyfi lle mae mwy na 10% o'r eiddo yn ail gartrefi. Ar yr un pryd bydd yn mynnu bod pob adeilad newydd a phob trawsnewidiad newydd yn cael eu gwerthu i bobl sy'n gweithio neu'n byw yn y parc, neu sydd wedi bod â chysylltiadau lleol ers 10 mlynedd.

Ffynhonnell: *The Independent Online*, Mark Rowe a Catherine Peppinster, 11 Awst 2002.

Ffigur 17 Y canran o gartrefi mewn pentrefannau a phentrefi unig sydd heb neb yn byw yno am eu bod naill ai'n ail gartrefi neu'n cael eu gosod ar rent fel tai haf.

Ewch amdani!

1. Darllenwch y tri sylw isod.
2. Mae pob sylw yn ymwneud ag un o dri nod Parciau Cenedlaethol. Cysylltwch y sylw â'r nod mae'n ymwneud ag ef.
3. Â pha nod rydych chi'n cytuno fwyaf? Eglurwch eich dewis.
4. Â pha nod rydych chi'n cytuno leiaf? Eglurwch eich dewis.

- Dylai anerchiadau am ddim am ddaeareg y Parc Cenedlaethol gael eu cynnig i ymwelwyr.
- Dylai ardaloedd fod ar gau i ymwelwyr i atal rhagor o erydu llwybrau.
- Dylid caniatáu agor chwarel newydd o fewn y Parc Cenedlaethol.

Gwybodaeth fewnol

Mae'n debygol y gofynnir i chi roi eich barn yn y ddau bapur arholiad. Gwnewch yn siŵr eich bod yn cyfiawnhau y pwyntiau a wnewch drwy egluro'n llawn pam mae gennych y farn honno. Byddwch chi eisoes wedi ymarfer hyn drwy gydol eich cwrs ac yn rhan y 'Mater' o'ch Asesiad dan Reolaeth.

Ewch amdani!

1. Darllenwch yr erthygl o *The Independent*.
2. Beth sy'n denu pobl i Brendon?
3. Awgrymwch yr effaith ar yr ardal o gael 40% o'r eiddo yn ail gartrefi.
4. Sut mae Bwrdd Cynllunio Parc Cenedlaethol Exmoor yn ceisio cwrdd â'i drydydd nod.

Thema 2

Pobl a'r Byd Naturiol yn Rhyngweithio

Sut mae gwasgedd aer uchel ac isel yn effeithio ar y tywydd a'r hinsawdd?

Tywydd: Newidiadau yn yr atmosffer o ddydd i ddydd.

Hinsawdd: Amodau'r tywydd ar gyfartaledd dros gyfnod o amser – o leiaf 30 mlynedd fel arfer.

Gwybodaeth fewnol

Peidiwch â drysu rhwng tywydd a hinsawdd. Mae'n ddigon posib y bydd y cwestiwn Astudiaeth Achos yn gofyn i chi drafod y naill neu'r llall. Byddai braidd yn wirion os byddech chi'n trafod y tywydd poeth yn Ewrop yn ystod mis Awst 2003 neu effaith diwasgedd eithafol fel corwynt wrth ateb cwestiwn ar 'math o hinsawdd'. Mae'r ddwy enghraifft yma'n sôn am amrywiaethau yn y tywydd. Felly, byddwch yn ofalus!

Diwasgedd ac antiseiclon

Mae gorsafoedd tywydd ar draws y byd yn casglu gwybodaeth am y tywydd. Mae'r wybodaeth sy'n cael ei chasglu yn cynnwys data dyodiad, tymheredd, cyflymder a chyfeiriad y gwynt, heulwen a gwasgedd aer.

Mae gwasgedd aer yn cael ei gofnodi er mwyn creu mapiau tywydd. Mae'r mapiau hyn yn dangos ardaloedd o wasgedd aer uchel a gwasgedd aer isel. Canolbwynt ardal o wasgedd isel ydy **diwasgedd**. Canolbwynt ardal o wasgedd uchel ydy **antiseiclon**.

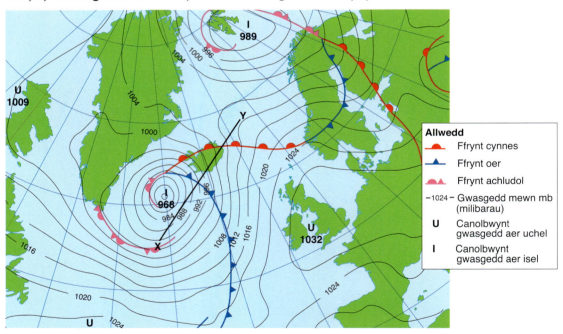

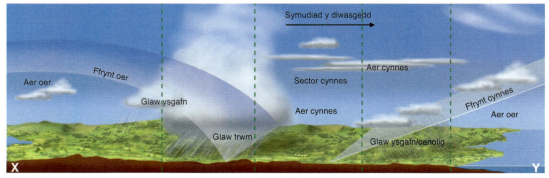

Ffigur 1 Map tywydd a thrawstoriad yn dangos ardal o wasgedd aer isel yng Ngogledd yr Iwerydd ar 4 Medi 2003

Thema 2 | Pobl a'r Byd Naturiol yn Rhyngweithio

Ewch amdani!

Defnyddiwch y wybodaeth sydd yn Ffigur 2 i labelu copi o'r map tywydd (Ffigur 1).

1. Ychwanegwch y labeli canlynol:
   - diwasgedd
   - antiseiclon
   - aer yn codi
   - aer yn disgyn.
2. Ychwanegwch saethau i ddangos cylchrediad yr aer.
3. Ychwanegwch saeth glir i ddangos symudiad y diwasgedd.

Nodwedd	Diwasgedd	Antiseiclon
Gwasgedd aer	Isel: gan amlaf < 1000 mb	Uchel: gan amlaf > 1020 mb
Symudiad aer fertigol	Yn codi	Yn gostwng
Cyflymder y gwynt	Cryf	Ysgafn
Cylchrediad aer	Gwrthglocwedd	Clocwedd

Ffigur 2 Prif nodweddion diwasgedd ac antiseiclon

Ewch amdani!

Mae'r trawstoriad yn Ffigur 1 yn dangos y gwahanol fathau o dywydd sy'n cael eu profi wrth i ddiwasgedd symud ar draws ardal. Ad-drefnwch y bocsys testun isod i ddangos y dilyniant o dywydd ym Mhwynt Y wrth i'r diwasgedd symud heibio'r pwynt hwn.

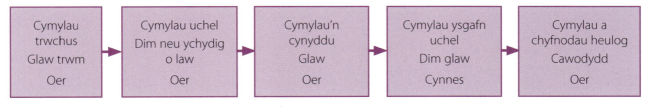

Ewch amdani!

Mewn diwasgedd mae aer yn codi gerllaw'r ffrynt ac mae'n glawio (glaw ffrynt). Mae aer hefyd yn gallu codi o ganlyniad i aer yn cael ei gynhesu gan y ddaear (glaw darfudol). Os ydy aer yn codi wrth iddo groesi mynyddoedd yna bydd hi'n glawio (glaw tirwedd). Ym mhob un o'r achosion hyn mae'r broses ganlynol yn digwydd:

Aer yn codi ➪ mae'n oeri ➪ mae aer oer yn dal llai o ddŵr nag aer cynnes ➪ anwedd dŵr yn yr aer yn cyddwyso ➪ cymylau yn ffurfio ➪ dyodiad yn digwydd

Atebwch y cwestiwn canlynol:
(a) Beth oedd enw'r diwasgedd oedd uwchlaw'r Deyrnas Unedig ar 4 Medi 2003? [1]
(b) Eglurwch pam nad oes glaw yn disgyn yma. [3]
(c) Awgrymwch ac eglurwch ddwy ffordd yr effeithiwyd ar fywydau pobl gan y tywydd a gafwyd o ganlyniad i'r diwasgedd. [4]

Thema 2 | Pobl a'r Byd Naturiol yn Rhyngweithio

Sut mae antiseiclonau a diwasgeddau yn effeithio ar weithgareddau pobl ac ansawdd bywyd?

Bywyd pob dydd

Gofynnwyd i chi ar y dudalen flaenorol egluro sut y gwnaeth antiseiclon a gafwyd yn gynnar ym mis Medi effeithio ar fywydau pobl. Bydd awyr sy'n glir o gymylau yn arwain at gynnydd cyflym yn nhymheredd yr aer yn ystod y dydd. Mae hyn yn gallu arwain at wythnosau o dywydd poeth a sych. Byddai hyn yn gallu arwain at effeithiau negyddol a chadarnhaol ar ansawdd bywyd pobl. Yn ystod y cyfnod yma bydd mwy o chwaraeon awyr agored a chynnydd yng ngwerthiant hufen iâ. Ond fe allai arwain at brinder dŵr a chynnydd yn y galw am wasanaethau iechyd.

Mae effeithiau antiseiclonau yn ystod y gaeaf yn hollol wahanol. Nid oes gorchudd o gymylau i gadw'r gwres i mewn ac felly mae'r tymheredd yn gallu bod yn isel iawn. Mae rhew yn ffurfio ac yn aml bydd niwl trwchus yn ffurfio. Mae'r effeithiau ar bobl yn gallu cynnwys canslo chwaraeon awyr agored oherwydd bod y maes chwarae wedi rhewi heb sôn am wneud gyrru car trwy niwl a rhew yn anodd. Ar y llaw arall, mae dyddiau o awyr las a heulwen yn gallu lleihau afiechyd SAD (*Seasonal Affective Disorder*) a chynyddu gwerthiant cawl a diodydd poeth.

Rydyn ni'n profi digwyddiadau fel hyn yn aml wrth i sawl diwasgedd symud ar eu taith. Mewn rhai achosion mae'r effeithiau hyn yn gallu bod yn llawer mwy dwys ac eithafol.

Tywydd eithafol

Diwasgedd eithafol ydy corwynt – enw arall ar gorwynt ydy seiclon. Yn gynnar ym mis Mai 2008 fe drawodd Corwynt Nargis ran ddeheuol Myanmar. Mae datblygiad Corwynt Nargis yn cael ei ddangos yn Ffigur 3.

Does dim sôn wedi bod hyd yma am sut mae pobl yn ymateb i dywydd eithafol fel hyn. Mae'r pwnc yma'n cael ei drafod fodd bynnag o dan y pennawd 'cymorth' ac mae'n cael ei drafod yn *Thema 3 : Pobl, Gwaith a Datblygiad*.

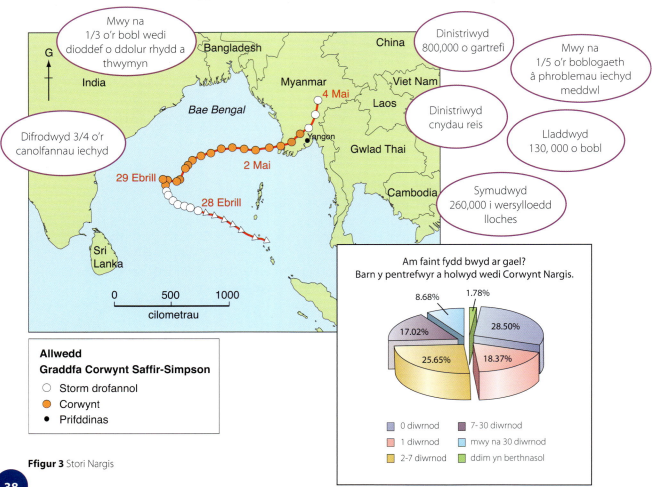

Ffigur 3 Stori Nargis

Thema 2 | Pobl a'r Byd Naturiol yn Rhyngweithio

LLIFOLAU ARHOLIAD

	Defnyddiwch Ffigur 3 i ateb y cwestiynau canlynol:	
(a)	Disgrifiwch y llwybr a gymerwyd gan Gorwynt Nargis rhwng 26 Ebrill a 4 Mai, 2008. [3]	Yn y cwestiwn hwn byddwch yn ennill marciau ychwanegol am fanylion sy'n: • disgrifio cyfeiriad a newidiadau mewn cyfeiriad i lwybr y seiclon • nodi pryd y newidiodd o fod yn storm drofannol i fod yn gorwynt ac yna'n ôl drachefn • nodi pryd y cyrhaeddodd y tir.
(b)	Disgrifiwch beth mae'r graff yn ei ddangos am effaith Corwynt Nargis ar ddiet pobl. [3]	Mae marciau i'w hennill drwy ddadansoddi'r graff yn fanwl – felly gwnewch yn siŵr eich bod yn cynnwys ffigurau cywir. Nodwch yr elfennau yn y diet sydd heb newid fawr ddim, y rhai sydd wedi lleihau fwyaf a'r un sydd wedi cynyddu.
(c)	Dewiswch dair ffordd sy'n dangos sut mae'r corwynt wedi effeithio ar fywydau pobl. Eglurwch yr effeithiau ar gyfer y rhai a ddewiswyd. [6]	Mae holl farciau'r cwestiwn hwn ar gyfer cynnig eglurhad. Mae'r gwahanol effeithiau yn cael eu dangos o amgylch y map a'r graff. Er enghraifft: Dewis: mwy na 1/3 o'r boblogaeth wedi dioddef o ddolur rhydd a thwymyn. Esboniad: mae galw cynyddol am ofal meddygol gan y boblogaeth [1] felly mae llawer heb gael eu trin ac yn marw. [1] Dewiswch eich tair ffordd chi o'r chwech sy'n weddill.

Ewch amdani!

Edrychwch ar y llun yn Ffigur 4. Mae'n dangos ardal o dir ffermio yn nyffryn Afon Trent yn ystod antiseiclon yn y gaeaf.

1. Awgrymwch ffyrdd mae'r amodau tywydd hyn yn gallu effeithio ar fywyd pob dydd y ffermwr.
2. Sut y mae hyn yn cymharu ag effeithiau'r tywydd yr ydych chi'n gyfarwydd ag ef yn eich bywyd chi.

Ffigur 4 Tir ffermio yn ystod antiseiclon y gaeaf

Ewch amdani!

Cwblhewch gopi o'r tabl hwn i ddangos y math o amodau tywydd sy'n dod i'r Deyrnas Unedig gyda gwahanol fathau o ddigwyddiadau tywydd.

Digwyddiad tywydd	Amodau	Effeithiau cadarnhaol	Effeithiau negyddol
Diwasgedd			
Antiseiclon yn yr haf			
Antiseiclon yn y gaeaf			

Y gylchred ddŵr

Sut mae'r gylchred ddŵr yn gweithio?

Mae dŵr yn cael ei storio mewn storfa neu mae'n llifo rhwng gwahanol storfeydd. Mae dŵr i'w gael fel hylif, solid neu nwy.

Storfa: Lle mae dŵr yn aros yn yr un lle ac yn yr un cyflwr.

Llif: Dŵr yn symud rhwng storfeydd. Mae hyn yn gallu bod yn yr un cyflwr neu mewn cyflwr arall.

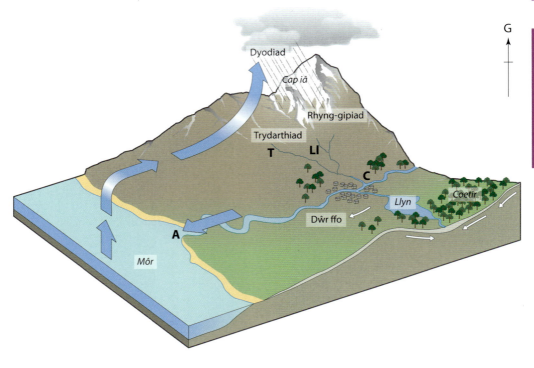

Ffigur 5 Y gylchred ddŵr

Mae Ffigur 5 yn dangos rhan o ddalgylch afon. Mae'r dalgylch yn derbyn y cyfan o'r dŵr o fewn yr ardal hon. Mae'r dalgylch yn cael ei wahanu oddi wrth ddalgylch arall gan dir uwch neu gefnen.

Ymyrraeth gan bobl

Mae gweithgareddau pobl wedi effeithio'n uniongyrchol ar y rhan fwyaf o dir y Deyrnas Unedig (DU). Mewn ardaloedd trefol, er enghraifft, mae ardaloedd eang wedi'u gorchuddio gan adeiladau, ffyrdd ac yn y blaen. Mewn ardaloedd gwledig ar y llaw arall mae gorchudd o lystyfiant ond mae llawer o hyn wedi gael ei blannu gan bobl neu'n cael ei reoli gan bobl.

Mae natur arwyneb y tir yn cael effaith fawr ar sut mae'r glaw sy'n disgyn yn y dalgylch yn llifo ar arwyneb y tir i'r afonydd ... ac yn y pen draw i'r môr.

Ffigur 6 Arllwysiad mewn ardal wledig

Thema 2 | Pobl a'r Byd Naturiol yn Rhyngweithio

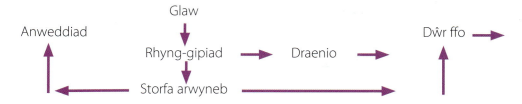

Ffigur 7 Arllwysiad trefol

Mae'r rhan fwyaf o'r glaw sy'n disgyn mewn ardaloedd gwledig yn disgyn ar gaeau, gweundir neu goetir. Mae nifer o'r arwynebau hyn yn athraidd ac mae'r rhan fwyaf o'r dŵr yn ymdreiddio i mewn i'r ddaear. Mae'r sefyllfa yn hollol wahanol mewn ardaloedd trefol. Yma, mae'r rhan fwyaf o'r glaw yn disgyn ar arwynebau anathraidd fel concrit neu darmac yn ogystal â thoeau adeiladau. Mae draeniau yn cludo'r dŵr hwn i'r afonydd.

Ewch amdani!

Rhowch gynnig ar y ddau ymarfer yma er mwyn adolygu rhai termau pwysig.

1. Mae pob un o'r llythrennau yn Ffigur 5 yn dangos nodwedd dalgylch afon Cysylltwch bob un o'r termau gyda'r disgrifiad cywir:

A Cydlifiad (C)	1 lle mae nant yn dechrau
B Llednant (Ll)	2 lle mae dwy afon yn ymuno
C Aber (A)	3 afon fechan yn bwydo afon fwy
CH Tarddiad (T)	4 lle mae afon yn ymuno â'r môr

2. Mae hwn yn ymarfer mwy cymhleth. Mae'r ymarfer yn gofyn i chi gysylltu enwau rhai o'r prif lifoedd o fewn y gylchred ddŵr gydag ystyr pob un ohonyn nhw. Enw arall ar y gylchred ddŵr ydy'r *gylchred hydrolegol*.

A Dyodiad	1 dŵr yn ymdreiddio i mewn i'r ddaear
B Rhyng-gipiad	2 newid dŵr o hylif i nwy
C Anweddiad	3 symudiad dŵr drwy'r pridd
CH Trydarthiad	4 dŵr yn disgyn o'r atmosffer
D Ymdreiddiad	5 symudiad dŵr drwy'r creigiau
DD Llif trwodd	6 trosglwyddiad anwedd dŵr o lystyfiant
E Llif dŵr daear	7 lle mae dŵr yn taro arwyneb y Ddaear

Rhowch gynnig ar ateb y cwestiwn yma. Edrychwch ar y diagramau sy'n dangos cyfraddau arllwysiad (Ffigurau 6 a 7). Arllwysiad ydy'r ffordd y mae dŵr sy'n disgyn ar arwyneb y Ddaear yn dychwelyd i'r môr. Mae cyfraddau arllwysiad yn amrywio yn ôl lle mae'r glaw yn disgyn.

(a) Cymharwch yr arllwysiad mewn ardaloedd gwledig ag ardaloedd trefol. [3]
(b) Pa gyfradd arllwysiad sy'n debygol o fod gyflymaf? Eglurwch eich dewis. [4]

Gwybodaeth fewnol

Mae'r rhain yn ddau gwestiwn gwahanol. Yn y rhan gyntaf o'r cwestiwn y mae gofyn i chi wneud cymhariaeth. Dechreuwch drwy sôn am arllwysiad mewn ardaloedd gwledig cyn symud ymlaen i sôn am arllwysiad mewn ardaloedd trefol gan eu cymharu. Gallwch sôn am nodweddion sy'n debyg a'r rhai sy'n wahanol.

Nid oes gofyn i chi egluro unrhyw beth hyd nes i chi gyrraedd ail ran y cwestiwn. Dechreuwch yr ail ran drwy roi eich dewis sef 'trefol' neu 'gwledig' (1 marc). Dylai trefn eich ateb fod fel hyn: eglurhad syml (1 marc) + felly beth? (1 marc) + felly beth? (1 marc).

Beth sy'n achosi llifogydd? Beth ydy'r effeithiau?

Achos ac effaith

Rydym eisoes wedi gweld bod dau reswm dros lifogydd. Mae cynnydd mewn trefoli yn achosi i ddŵr ffo gyrraedd yr afonydd yn llawer cyflymach. Mae hyn yn ei dro yn cynyddu'r risg o orlifo. Mae cynhesu byd-eang hefyd yn achosi i lefelau'r môr godi. Mae hyn yn arwain at fwy o orlifo ar yr arfordiroedd.

Amser oedi: yr amser rhwng pryd mae'r glaw ar ei eithaf a phryd mae'r arllwysiad ar ei eithaf.

Arllwysiad: Y cyfaint o ddŵr sy'n llifo i lawr yr afon. Mae'n cael ei fesur mewn metrau ciwbig yr eiliad (*cumec*).

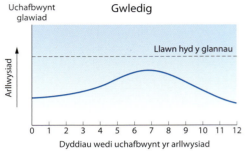
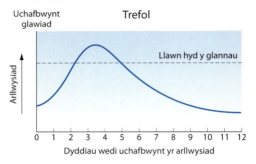

Llawn hyd y glannau (*bankful stage*): Mae'r arllwysiad cymaint fel bod yr afon yn gorlifo ei glannau.

Ffigur 8 Hydrograff llifogydd

Mae rhai rhannau o'r byd sy'n fwy tebygol o gael eu gorlifo. Er enghraifft, mae deltâu afonydd fel Afon Ganga yn Bangladesh a'r Mekong yn Cambodia a Viet Nam yn debygol iawn o orlifo. Effeithir ar y ddau ddelta yma gan 'Dymor y Corwyntoedd'. Edrychwch unwaith eto ar dudalennau 38 a 39 i weld effeithiau corwyntoedd.

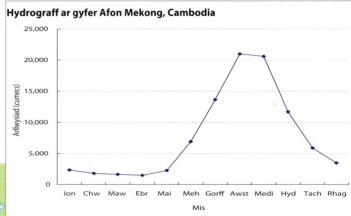

Ffigur 9 Delta Mekong – gorlifo

Math o golled	Delta Mekong
Dynol	30 person yn marw
Eiddo	1,400 o dai yn cael eu dinistrio; 23,864 o dai wedi'u gorlifo; 164 o ystafelloedd addysg wedi'u dinistrio a 101 o ystafelloedd dosbarth wedi'u symud
Pysgota	1,100 hectar o lynnoedd pysgod a berdys wedi eu dinistrio; 852 o focsys pysgod wedi'u dinistrio a 29 tunnell fetrig o bysgod wedi'u colli
Cludiant	19 km o ffyrdd cenedlaethol, 705 km o ffyrdd gwledig, 140 pont
Rheoli'r dŵr	185 uned wedi'u dinistrio, 104 km o argloddiau wedi'u herydu
Eraill yr effeithir arnyn nhw	5 talaith
Cyfanswm y gost	$1.5 miliwn doler (UDA)

Thema 2 | Pobl a'r Byd Naturiol yn Rhyngweithio

Wythfed Cyfarfod Blynyddol Fforwm Llifogydd y Mekong

Cynhaliwyd yr wythfed cyfarfod blynyddol o'r Fforwm ar 26-27 Mai 2010 yng Ngwesty'r Don Chan Palace yn Vientiane yn Laos. Roedd cyfle yn ystod y cyfarfod i drafod cydweithio rhyngwladol i geisio lleihau gorlifo ar Afon Mekong. Mae gweithgareddau gwledydd eraill yn rhannau uchaf yr afon yn gallu cael effaith fawr ar rannau isaf yr afon.

Er enghraifft, gallai argae a godwyd yn rhannau uchaf yr afon yn China gael yr effeithiau canlynol:

yn y rhannau uchaf
- cyflenwad dŵr mwy sicr
- trydan rhad
- twf economaidd
- gwell rheolaeth ar lif y dŵr

yn y rhannau isaf
- gostyngiad yn y lefelau dŵr
- rhyddhau dŵr o'r argae yn achosi llifogydd sydyn
- lleihad yn nifer y pysgod
- llai o reolaeth ar lif y dŵr

Ewch amdani!

1 Ewch ati i lunio 'ffeil ffeithiau' ar orlif y Mekong neu unrhyw orlif yr ydych wedi'i astudio. Yna, ewch ati i wneud tasgau 2-7 i ymchwilio i'r materion sy'n ymwneud â chydweithio rhyngwladol i reoli llifogydd.

Cofiwch gynnwys gwybodaeth am y canlynol:
- lleoliad y llifogydd. Gwnewch linfap i ddangos hyn
- prif resymau dros y llifogydd
- effeithiau'r llifogydd ar fywydau pobl.

Wrth ateb y pwynt bwled olaf bydd rhaid cynnwys esboniad o beth ydy canlyniadau'r llifogydd ar fywydau pobl. Trowch i dudalen 39 am help.

2 Gan ddechrau yn nharddiad Afon Mekong rhestrwch y gwledydd y mae'r afon yn llifo drwyddyn nhw cyn cyrraedd y môr.

3 Pa wledydd sydd gyda'r lleiaf o reolaeth ar lif y dŵr?

4 Pam, mewn cyfnodau o lifogydd, y mae'n bwysig i'r gwledydd hyn gael cydweithrediad gwledydd yn rhan uchaf yr afon?

5 Sut byddai adeiladu argaeau yn rhan uchaf yr afon yn helpu i leihau llifogydd yn rhan isaf yr afon?

6 Ewch ati i baratoi dau ddatganiad byr gan lefarydd i egluro:
- pam fod angen help ar wlad sydd wedi'i lleoli yn rhan isaf yr afon mewn cyfnod o lifogydd
- pam ei bod hi'n anodd i wlad sydd wedi'i lleoli yn y rhan uchaf helpu gwlad sydd wedi'i lleoli yn rhan isaf yr afon mewn cyfnod o lifogydd.

7 Pam fod cydweithio rhyngwladol yn anodd iawn?

Fe edrychwn yn fwy manwl ar reoli llifogydd yn gynaliadwy yn yr adran 'Datrys Problemau' ar dudalen 80.

Thema 2 | Pobl a'r Byd Naturiol yn Rhyngweithio

Sut mae sychder yn effeithio ar bobl?

Beth ydy sychder?
'Llai o law yn disgyn dros gyfnod hirach o amser nag sy'n arferol i'r ardal honno'.

Hynny ydy, nid yr union lawiad sy'n disgyn mewn milimetrau sy'n bwysig ond y glaw sy'n disgyn mewn cymhariaeth â'r glaw sy'n disgyn yn arferol. Mewn amgylchiadau felly mae pobl ac ecosystemau yn gorfod delio gyda llai o law nag y bydden nhw'n ei gael fel arfer ... sefyllfa anodd i fod ynddi!

Sut mae sychder yn effeithio ar bobl mewn gwledydd cyfoethog?

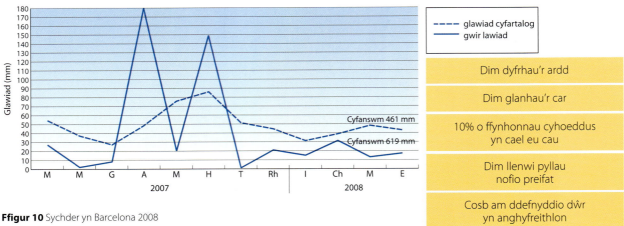

Ffigur 10 Sychder yn Barcelona 2008

Atebwch un o'r cwestiynau canlynol:

Haen Uwch
(a) Disgrifiwch batrwm y dyodiad rhwng Mai 2007 a Mai 2008. [3]
(b) Cymharwch hyn gyda'r dyodiad cyfartalog. [3]
(c) Eglurwch sut y gwnaeth newidiadau mewn dyodiad yn 2007 a 2008 effeithio ar ansawdd bywyd pobl yn Barcelona. [4]

Haen Sylfaen
(a) Cwblhewch y paragraff isod:
'Mae dyodiad cyfartalog yn amrywio rhwng isafbwynt o 27 mm yn _____ ac uchafbwynt o _____ mm ym mis Hydref. Mae dyodiad yn cymryd lle drwy gydol y flwyddyn. Mae'r graff yn dangos bod y gwir ddyodiad ar gyfer dau fis heb ddim dyodiad o gwbl sef Gorffennaf a _____. Mae'r gwahaniaethau rhwng yr uchafbwynt a'r isafbwynt yn llawer mwy, gydag uchafbwynt dyodiad o _____ mm yn fwy na'r cyfartaledd ym mis Hydref 2007. Roedd y gwir ddyodiad yn llai na'r cyfartaledd yn_____.' [5]
(b) Nodwch ac eglurwch ddwy ffordd yr effeithiwyd ar ansawdd bywyd pobl gan y sychder. [4]

Gwybodaeth fewnol
Mae arholiadau'r Haen Uwch a'r Haen Sylfaen yn wahanol i'w gilydd mewn sawl ffordd. Mewn sawl achos maen nhw'n gosod pwyslais gwahanol ar eich gallu daearyddol. Fodd bynnag, ar adegau eraill maen nhw'n gofyn y cwestiwn mewn ffordd wahanol ond yn gofyn am yr un wybodaeth ddaearyddol. Yn y cwestiwn uchod, mae'r cwestiwn ar gyfer yr Haen Sylfaen wedi'i gynllunio'n ofalus i gynnig canllaw i'r ymgeisydd i roi'r atebion daearyddol cywir. Mae'r cwestiwn ar gyfer yr Haen Uwch, fodd bynnag, yn rhoi mwy o gyfle i'r ymgeisydd lunio ei ymateb ei hun.

Thema 2 | Pobl a'r Byd Naturiol yn Rhyngweithio

Sut mae sychder yn effeithio ar bobl mewn gwledydd tlawd?

Mae'r gwledydd sy'n ffinio â rhannau deheuol Diffeithwch Sahara yn cynnwys rhai o'r gwledydd tlotaf yn y byd. Mae'r ffyrdd mae'r boblogaeth yn y gwledydd hyn yn ymateb i sychder yn wahanol iawn i ymateb gwledydd mwyaf cyfoethog y byd.

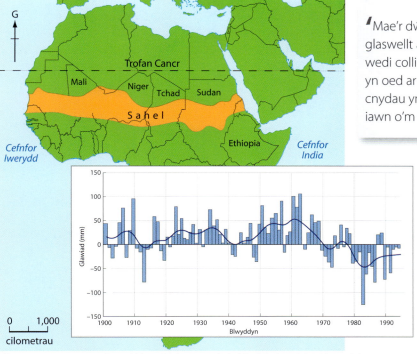

'Mae'r dŵr yn y ffynnon yn brin iawn. Mae'r glaswellt ar gyfer y geifr wedi sychu. Rydw i wedi colli llawer o'r anifeiliaid. Mae coed hyd yn oed ar gyfer gwneud tân yn brin. Mae'r cnydau yn marw yn y caeau. Mae llawer iawn o'm ffrindiau wedi symud i'r ddinas.'

'Mae fy nhŷ ... neu'r cwt ar ymyl y ddinas. Rwy'n cymryd fy nhro wrth y tap dŵr rwy'n ei rannu gydag eraill. Dydy'r dŵr ond ar gael am 8 awr y dydd ac mae ciw hir. Mae'r dŵr yn llifo'n araf iawn o'r tap, rwy'n gorfod aros yn hir i lenwi'r can dŵr. Mae dysentri ac afiechydon eraill sy'n gysylltiedig â dŵr budr yn gyffredin iawn yn yr ardal hon.'

Ffigur 11 Amrywio yn y glawiad blynyddol yng ngwledydd y Sahel 1900-95. Mae pob bar yn dangos a ydy'r glawiad uwchlaw neu islaw'r glawiad cyfartalog ym mhob blwyddyn. Mae'r llinell ddu yn dangos y duedd.

Ewch amdani!

Ewch ati i gasglu gwybodaeth am newidiadau yn y Sahel. Defnyddiwch ddalen A4 ar gyfer y dasg.

Gosodwch y ddalen A4 fel hyn:

Lleoliad
- Cyfandir Affrica.
- *Maint yr ardal o'r gogledd i'r de?*
- *Maint yr ardal o'r dwyrain i'r gorllewin?*
- *Gwledydd yr effeithir arnyn nhw?*

Newidiadau mewn glawiad ers 1900
- Amrywio uwchlaw ac islaw'r cyfartaledd.
- *Glawiad uchaf: pa mor uchel? pryd?*
- *Glawiad isaf: pa mor isel? pryd?*
- *Newidiadau mewn tuedd dros amser?*

Effeithiau

Defnyddiwch y gweoedd isod i'ch helpu i ddangos effeithiau sychder ar fywyd pobl mewn ardaloedd trefol a gwledig. Os ydych chi'n dymuno gallwch ddefnyddio Astudiaeth Achos wahanol o'ch dewis chi.

Dim dŵr yn y ffynnon. Felly, beth? Dŵr budr ac yn cael ei ddogni. Arwain at afiechydon a phrinder dŵr yn y corff. Arwain at farwolaeth.

Gwledig

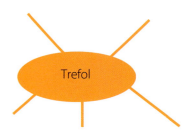

Trefol

Sut mae'n bosib sicrhau cyflenwad dŵr cynaliadwy?

Cydweithio rhyngwladol

Mae amrywiad yn y glawiad blynyddol a'r newidiadau yn yr hinsawdd yn broblem – ond nid dyma'r unig broblem! Problem arall ydy bod gwledydd cyfoethog yn arbennig wedi gweld cynnydd yn eu galw am ddŵr. Mae'r cynnydd yn y galw hwn wedi arwain at yr angen i drosglwyddo dŵr o un lle i'r llall – yn aml iawn ar draws ffiniau gwledydd. Mae trosglwyddiad o'r fath yn golygu trosglwyddo dŵr drwy ddefnyddio pibellau neu gamlas o ardal sydd â digon o ddŵr i ardal sydd â phrinder dŵr.

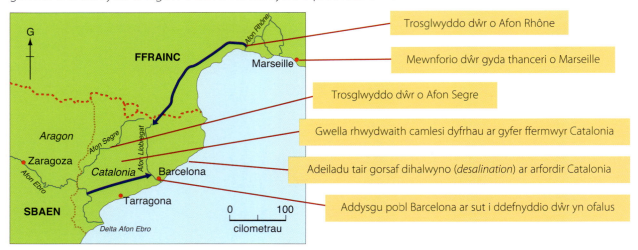

Ffigur 12 Cyfarfod ag anghenion dŵr Barcelona

Ewch amdani!

Edrychwch ar y wybodaeth am gyflenwad dŵr Barcelona yn Ffigur 12.

1. Gwnewch ddwy restr: un ar gyfer yr atebion fydd yn sicrhau cyflenwad dŵr cynaliadwy i'r dyfodol a'r llall ar gyfer y rhai sydd yn eich barn chi yn anghynaliadwy.
2. Ar gyfer pob ateb, eglurwch pam yn eich barn chi ei fod yn ateb cynaliadwy ai peidio.

Pa mor fawr ddylai cynllun fod?

Mae llywodraethau mewn sawl rhan o'r byd wedi creu cynlluniau mawr ac amlbwrpas ar gyfer rheoli sychder. Mae'r cynlluniau hyn yn aml yn arwain at adeiladu argae neu argaeau ar draws afon fawr a chreu llynnoedd mawr.

Mae nifer o fanteision ac anfanteision:

Manteision	Anfanteision
Rhwystro llifogydd	Boddi anheddau o dan ddŵr y llyn
Cynnig cyflenwad dŵr i ffermydd a chartrefi	Lleihad yn y cyflenwad o wrtaith naturiol ar gyfer tir amaethyddol
Cynhyrchu trydan	Lleihad yn y cyflenwad dŵr yn is i lawr yr afon
Denu diwydiannau eilaidd	Colli cynefinoedd ar yr afon a'r tir cyfagos
	Drud i'w adeiladu a'i redeg

Thema 2 | Pobl a'r Byd Naturiol yn Rhyngweithio

Ewch amdani!
1. Gan ddefnyddio cynllun amlbwrpas i reoli dŵr a astudiwyd gennych ewch ati i ychwanegu manylion penodol at y manteision a'r anfanteision ar dudalen 46.
2. Yn eich barn chi ydy adeiladu'r cynllun a astudiwyd gennych wedi bod yn benderfyniad doeth ai peidio. Pam?

Technoleg addas – dewis mwy cynaliadwy?

Mewn rhai gwledydd tlawd mae llywodraethau a sefydliadau anllywodraethol (*NGOs*) fel *WaterAid* yn sefydlu cynlluniau bach mewn pentrefi gwledig amaethyddol.

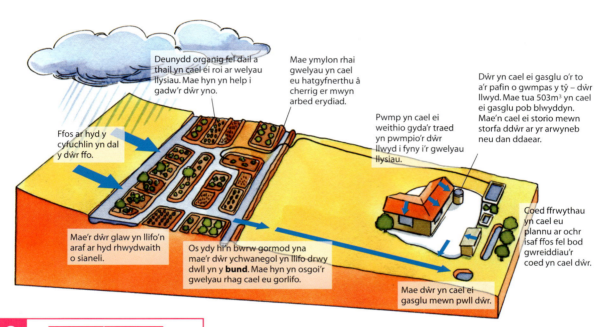

Ffigur 13 Cynaeafu dŵr yn Ne Affrica

Astudiwch y diagram yn Ffigur 13.
(a) Rhestrwch dair ffordd mae'r cynllun hwn yn gwneud y defnydd gorau o'r dŵr sydd ar gael. [3]
(b) Nodwch ac eglurwch ddwy ffordd y gellir ystyried y cynllun hwn yn gynaliadwy ar gyfer fferm fechan. [4]

Gwybodaeth fewnol
- Yn rhan (a) gofynnir i chi restru yn unig ac mae'n werth tri marc. Fyddai disgrifio'n fanwl ddim yn rhoi mwy o farciau i chi – felly peidiwch â gwastraffu eich amser!
- Yn rhan (b) fodd bynnag mae gofyn i chi roi eglurhad manwl. Soniwch am faint y cynllun, am y swm a'r math o bŵer sydd ei angen i redeg y cynllun a pha mor syml neu gymhleth ydy'r peiriannau sy'n cael eu defnyddio.

Thema 2 | Pobl a'r Byd Naturiol yn Rhyngweithio

Sut mae tirffurfiau yn cael eu ffurfio?

Erydiad

Mae tirffurfiau yn cael eu ffurfio gan brosesau erydiad, cludiant a dyddodiad boed y tirffurfiau hynny yn dirffurfiau arfordirol neu'n rhai wedi cael eu ffurfio gan waith afon. Er eu bod yn creu tirffurfiau gwahanol ar hyd yr arfordir neu'r afonydd, mae pob un o'r prosesau hyn yn gweithio'n debyg i'w gilydd.

Gweithred Hydrolig: grym y tonnau yn taro yn erbyn y clogwyni. Aer yn cael ei garcharu mewn craciau ac yn malu'r graig.

Sgrafelliad: (enw arall ar y broses ydy cyrathiad): tonnau yn hyrddio tywod a cherigos (*pebbles*) at y clogwyn, sy'n treulio'r tir.

Cyrydiad: heli'r môr yn hydoddi creigiau calsiwm carbonad, e.e. calchfaen.

Athreuliad: cerigos yn taro yn erbyn ei gilydd, gan eu treulio'n ronynnau mwy crwn, gan ffurfio tywod yn y pendraw.

Ffigur 14 Prosesau arfordirol

Erydiad gwahaniaethol

Mae erydiad yn wahanol yn ôl natur y graig, hynny yw, ydy hi'n graig galed neu'n graig feddal. Lle mae'r graig yn galed mae erydiad yn araf ond mae'n gyflymach lle mae'r graig yn feddalach.

Ffigur 15 Erydiad gwahaniaethol yn Etretat, gogledd Ffrainc

Bydd tonnau'r môr yn manteisio ar unrhyw ffawtiau neu wendid yn y graig. Bydd erydiad gan donnau'r môr yn ffurfio ogofâu. Mewn amser, bydd ogofâu ar y naill ochr a'r llall i'r pentir yn ffurfio bwa. Gyda mwy o erydiad bydd y bwa yn disgyn ac yn ffurfio stac.

Ewch amdani!

1. Edrychwch ar y cyfan o'r wybodaeth ar dudalen 48.
2. Gwnewch gopi o Ffigur 15 a labelwch hwn i ddangos sut mae pentir yn cael ei newid gan erydiad i ffurfio ogofâu, bwâu a staciau.
3. Neu, ewch ati i wneud yr un dasg ar gyfer pentir rydych chi wedi'i astudio fel dosbarth.

Thema 2 | Pobl a'r Byd Naturiol yn Rhyngweithio

Gwybodaeth fewnol

Os bydd cwestiwn Astudiaeth Achos yn gofyn i chi egluro ffurfiant tirffurf arbennig yna bydd gofyn i chi egluro'r broses gyda chymorth llinfap o enghraifft benodol. Peidiwch â chreu llinfap a allai fod yn unrhyw le.

Beth ydy eich barn am y cwestiwn isod?

Astudiaeth Achos – y wybodaeth

Darllenwch y paragraff isod:

Mae Afon Niagara yn llifo ar draws haen lorweddol o galchfaen caled a gwydn – y gapgraig. O dan y gapgraig hon mae craig siâl sy'n feddalach a llai gwydn. Mae grym y dŵr yn tandorri'r siâl o dan y calchfaen uwchben. Mewn amser, bydd y calchfaen yn hollti ac yna yn disgyn o dan rym disgyrchiant. Mae darnau o galchfaen sydd wedi disgyn i'w gweld o flaen Rhaeadr America. Mae'r rhaeadr yn erydu yn ôl dros amser gan adael ceunant o'i flaen.

(a) Gwnewch linfap o'r llun (Ffigur 16).

(b) Rhowch labeli ar ben y saethau i ddangos y canlynol:
- capgraig galchfaen
- siâl llai gwydn
- blociau calchfaen wedi disgyn
- ceunant Niagara.

(c) Rhowch saethau a labeli i ddangos lleoliad:
- dwy ardal o dandorri
- plymbwll.

(ch) Awgrymwch sut gall yr ardal newid yn y dyfodol.

Oes gyda chi enghraifft o leoliad gwahanol y byddai modd i chi ei ddefnyddio i ateb y cwestiwn uchod? Os oes defnyddiwch y cwestiwn hwn i ymarfer.

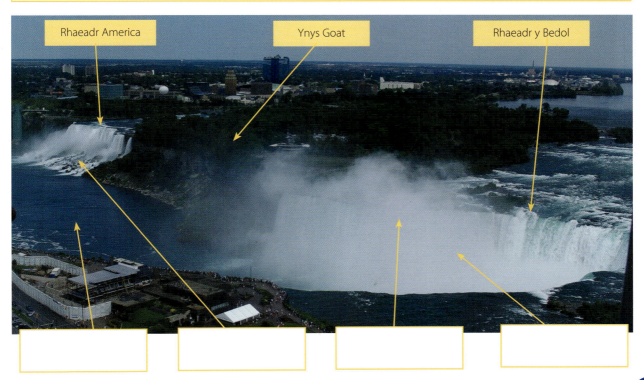

Ffigur 16 Ffurfiant ceunant yn Niagara

Thema 2 | Pobl a'r Byd Naturiol yn Rhyngweithio

Cludiant a dyddodiad

Mae darnau o graig sy'n cael eu malu gan erydiad mewn afon neu ar yr arfordir yn cael eu symud i rywle arall. Pan nad ydy'r egni yn ddigon pwerus i gludo'r dyddodion hyn yna byddan nhw'n cael eu dyddodi. Y prosesau hyn ydy cludiant a dyddodiad.

Cludiant

Mae dŵr yn cludo dyddodion mewn pedair ffordd wahanol:

Hydoddiant: Mae rhai mwynau yn hydoddi mewn dŵr. Mae calchfaen, er enghraifft, yn raddol hydoddi mewn dŵr. Mae'n gallu dod yn solid unwaith eto os ydy'r dŵr yn anweddu.
Daliant: Mae gronynnau o silt a chlai yn cael eu cludo gan lif y dŵr.
Neidiant: Mae cerrig mân yn sboncio ar hyd gwely'r afon gan lif y dŵr.
Tyniant (rholiant): Mae cerrig yn cael eu rholio ar hyd gwely'r afon gan rym y dŵr.

Gyda daliant, neidiant a thyniant mae maint y dyddodion sy'n cael eu cludo yn dibynnu ar ba mor gyflym y mae'r dŵr yn symud. Bydd dŵr sy'n llifo'n gyflym yn cludo dyddodion trymach na dŵr sy'n llifo'n araf.

Cludiant a dyddodiad arfordirol

Mae dyddodion sydd wedi'u herydu o'r arfordir yn cael eu cludo i ffwrdd o'r arfordir a'u dyddodi mewn man arall. Fodd bynnag, mae cyfran sylweddol o'r dyddodion yn cael eu cludo ar hyd yr arfordir – drifft y glannau. Mae nifer o dirffurfiau yn cael eu ffurfio lle mae'r tonnau yn dyddodi. Mae'r tirffurfiau hyn yn cynnwys traethau, tafodau a hefyd barrau tywod gyda lagŵn y tu ôl iddyn nhw.

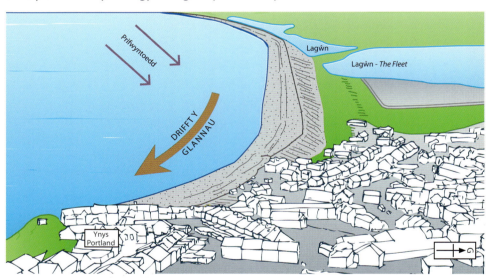

Mae'r torddwr yn cludo dyddodion i fyny'r traeth i'r un cyfeiriad â'r prifwyntoedd.

Mae'r tynddwr yn cludo dyddodion yn ôl i'r môr ar ongl sgwâr i'r traeth.

Mae lagŵn yn ffurfio pryd mae dŵr croyw yn cael ei rwystro rhag cyrraedd y môr.

Ffigur 17 Drifft y Glannau ar hyd arfordir Dorset

Ewch amdani!

1. Defnyddiwch y wybodaeth yn Ffigur 17 i labelu copi o'r llinfap â'r canlynol:
   - saethau i ddangos symudiad y dyddodion i fyny'r traeth
   - saethau i ddangos symudiad y dyddodion yn ôl i'r môr
   - y termau 'torddwr' a 'tynddwr'
   - lagŵn arall ar wahân i Fleet Lagoon.
2. Gan ddefnyddio'r wybodaeth o'ch llinfap eglurwch sut mae drifft y glannau yn gweithio ar Draeth Chesil. Cofiwch gynnwys enwau lleoedd a phwyntiau'r cwmpawd i ddangos symudiad y dyddodion ar hyd y traeth fel rhan o'ch eglurhad.

Cludiant a dyddodiad afon

Mae afonydd yn cludo dyddodion gan ddefnyddio'r un prosesau â'r môr. Dydy hynny fawr o syndod gan mai dŵr sy'n symud y dyddodion. Hydoddiant, daliant, neidiant a thyniant felly ydy'r prif brosesau mewn cludo dyddodion afon.

Wrth i'r afon gyrraedd rhannau isaf cwrs yr afon mae'r graddiant yn llai serth ac mae'r cyflymder yn lleihau. Canlyniad hyn ydy bod yr afon yn dyddodi ei llwyth. Mae hyn yn arwain at ddau dirffurf pwysig yn cael eu ffurfio yn rhannau isaf yr afon.

Dolennau

Ffigur 18 Dolen ar Afon Hafren

Ewch amdani!

Gwnewch linfap o Ffigur 18. Defnyddiwch wybodaeth o'r paragraff isod i labelu gwahanol rannau o'r llinfap.

'Dolen afon ydy tro mawr yn yr afon. Mae llif y dŵr yn gyflymach ar ochr allanol y ddolen – mae hyn yn ffurfio clogwyni afon gan fod erydu'n digwydd. Mae llif y dŵr ar ochr fewnol y ddolen yn arafach ac felly mae'r afon yn dyddodi. Mae glan fewnol yr afon â dyddodion o fwd neu dywod – llethr slip. Mewn cyfnodau o law trwm neu eira yn toddi mae'r afon yn cyrraedd man eithaf ei glannau cyn gorlifo ei glannau. Mae'r dyddodion sy'n cael eu dyddodi ar lawr y dyffryn yn ffurfio gorlifdir yr afon.'

Pobl a gorlifdiroedd afon

Ewch amdani!

Cwblhewch gopi o'r tabl isod i ddangos nodweddion ffisegol gorlifdir afon ac effeithiau'r rhain ar fywydau pobl. Rhowch gynnig ar ychwanegu o leiaf un eitem yn y golofn nodwedd.

Nodwedd	Yr effaith ar fywydau pobl	Felly, beth?
Mae'r tir yn wastad.	Yn hawdd defnyddio peiriannau ar y tir.	Yn cyflymu gwaith fferm ac yn lleihau'r galw am lafur – hyn yn lleihau costau'r ffermwr.
Dyddodion afon yn cael eu dyddodi bob blwyddyn.	Yn cynnig ffynhonnell naturiol o wrtaith.	
Dim rhwystrau i symudiad.		
Gorlifo'n aml.		
Y pridd yn aml yn wlyb iawn a thrwm.		

Thema 2 | Pobl a'r Byd Naturiol yn Rhyngweithio

Ymyrryd â phrosesau naturiol

Oes modd rhwystro erydiad arfordirol?

Mae llawer iawn o bobl yn byw mewn ardaloedd sydd mewn perygl o gael eu gorlifo neu eu herydu. Mae tai sy'n aml yn werth miloedd o bunnoedd mewn perygl. Mewn amgylchiadau o'r fath mae'n anodd i bobl yswirio eu heiddo rhag difrod.

Mewn rhai ardaloedd, mae grwpiau o bobl, yn aml llywodraethau lleol, wedi paratoi cynlluniau i geisio rheoli effeithiau negyddol prosesau naturiol fel erydiad arfordirol.

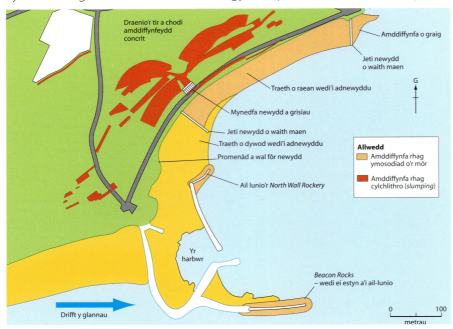

Ffigur 19 Amddiffyn rhan o'r arfordir – Lyme Regis, Dorset

Ewch amdani!

1 Cwblhewch gopi o'r tabl isod i gysylltu prosesau a allai fod wedi digwydd cyn i'r cynllun amddiffyn gael ei sefydlu â lleoedd lle gallai'r prosesau fod wedi digwydd. Mae un wedi'i wneud ar eich cyfer.

Proses	Lle
1 Glaw trwm yn tirlenwi'r clogwyn gan greu tirlithriadau	Mewn ardaloedd lle mae angen ailgyflenwi'r traeth
2 Mae'r môr yn erydu gwaelod y tirlithriadau	Waliau amddiffynnol newydd yn cymryd lle'r hen amddiffynfeydd
3 Amddiffynfeydd arfordirol yn cael eu tanseilio gan y môr	Ar yr arfordir o dan yr ardal sydd wedi dioddef cylchlithriadau
4 Dyddodion sydd wedi'u herydu a thywod o'r traeth yn cael eu cludo i ffwrdd	Ardaloedd ymhellach o'r arfordir wedi'u hamddiffyn rhag cylchlithro

2 Ysgrifennwch y rhifau 1-4 yn y mannau cywir ar y llinfap o Ffigur 19.

3 Anodwch y llinfap i awgrymu effeithiau'r canlynol:
- Y jeti newydd.
- Ailgyflenwi'r traethau.
- Gwaith draenio ar y clogwyn.
- Adnewyddu'r wal fôr.

Mae amddiffyn yr arfordir mewn un lle yn aml yn arwain at broblem mewn man arall ar hyd yr arfordir – i'r un cyfeiriad â drifft y glannau. Yn achos Lyme Regis, mae drifft y glannau yn cael ei rwystro wedi i'r jeti gael ei godi. Ar y llaw arall, mae'n ddigon posib bod yr arfordir i'r gogledd-ddwyrain wedi cael diffyg dyddodion o dywod. Yn y cyfamser, mae'r tywod sydd eisoes yno yn cael ei gludo ymhellach i'r dwyrain gan ddrifft y glannau. Gallai'r effaith fod yn draeth sy'n cael ei 'amddifadu' o dywod fel yn Ffigur 20. Yn y tymor byr mae hyn yn debygol o arwain at fwy o risg i eiddo sydd heb ei amddiffyn. Yn y tymor hirach mae'r clogwyn sydd heb ei amddiffyn yn gallu cael ei erydu gymaint yn ôl fel y gallai arwain at y rhan sydd wedi'i hamddiffyn yn cael ei herydu.

Thema 2 | Pobl a'r Byd Naturiol yn Rhyngweithio

Ffigur 20 Traeth wedi'i 'amddifadu' o ddyddodion i'r gogledd-ddwyrain o Lyme Regis

LLIFOLAU ARHOLIAD

Ewch ati i ateb y set yma o gwestiynau:
(a) Disgrifiwch ddwy arwedd ar y traeth yn Ffigur 20. [2]
(b) Disgrifiwch ddwy arwedd o'r clogwyn. [2]
(c) Cwblhewch bob un o'r brawddegau canlynol i helpu i egluro cyflwr yr arfordir yn y llun: [3]
  (i) Dydy'r tywod sydd wedi'i gludo i'r un cyfeiriad â'r drifft ddim wedi cael ei ailgyflenwi, felly …
  (ii) Mae'r traeth wedi gostwng mewn uchder, felly …
  (iii) Mae'r tandorri o'r clogwyn gwan bellach wedi cyflymu, felly …
(ch) Disgrifiwch ac eglurwch yr effeithiau tebygol ar y canlynol: [4]
  (i) pobl sy'n byw yn agos i rannau o'r arfordir sydd heb eu hamddiffyn
  (ii) pobl sy'n byw yn agos i rannau o'r arfordir sydd wedi eu hamddiffyn
(d) Mae rhai pobl yn credu bod amddiffyn yr arfordir yn gynaliadwy. Mae eraill yn anghytuno. Gyda phwy ydych chi'n cytuno? Disgrifiwch ac eglurwch ganlyniadau posibl anwybyddu'r farn hon. [5]

Gwybodaeth fewnol

Mae cwestiwn (d) yn gofyn i chi roi eich barn bersonol ar sail gwybodaeth. Does dim ateb cywir. Rydych chi'n ennill marciau am safon eich ateb. Fel ag o'r blaen, bydd eich ymateb yn cael ei farcio gan ddefnyddio cynllun marcio fesul lefel. Gwnewch yn siŵr bod eich ateb yn targedu'r lefel uchaf, fel y dangosir isod:

Marcio lefelau ymateb: Mae angen gweithio ar i fyny drwy'r lefelau.

Haen Sylfaen	Marc
Ymateb yn annigonol ar gyfer Lefel 1	0
Lefel 1: Yn rhoi disgrifiad syml	1
Lefel 2: Yn rhoi eglurhad syml sy'n brin o fanylion	2
Lefel 3: Yn rhoi eglurhad manwl	3/4

Haen Uwch	Marc
Ymateb yn annigonol ar gyfer Lefel 1	0
Lefel 1: Yn rhoi disgrifiad yn unig	1
Lefel 2: Yn rhoi eglurhad manwl	2/3
Lefel 3: Yn rhoi eglurhad manwl gydag enghreifftiau penodol	4/5

Thema 3

Pobl, Gwaith a Datblygiad

Sut a pham mae patrymau cyflogaeth yn wahanol?

Gwaith: gweithgareddau pobl nad ydynt yn cynnwys hamdden. Mae gwaith yn cynnwys gwaith sy'n derbyn tâl neu nad yw'n derbyn tâl.

Cyflogaeth: Gwaith lle rhoddir rhyw fath o dâl amdano.

Ewch amdani!

Cwblhewch gopi o dabl tebyg i'r isod ar gyfer chi eich hun ac aelod arall o'ch teulu:

Fi	Cyflogaeth (C) neu Gwaith (G)	Aelod o'r teulu	Cyflogaeth (C) neu Gwaith (G)
Gwaith Cartref	G		

Gadewch i ni edrych nesaf ar y gwahanol fathau o gyflogaeth. Beth ydy'r prif fath o gyflogaeth yn eich tabl chi?

Mathau o gyflogaeth

Mae tri phrif fath neu sector o gyflogaeth:

Cynradd: tyfu cnydau neu echdynnu deunyddiau crai.

Eilaidd: gweithgynhyrchu neu brosesu nwyddau.

Trydyddol: cynnig gwasanaeth.

Mae pwysigrwydd y gwahanol sectorau yn dibynnu ar y lleoliad a'r cyfnod sy'n cael ei astudio.

Yn gyffredinol, mewn ardaloedd sy'n llai datblygedig yn economaidd mae mwy o bobl yn cael eu cyflogi yn y sector cynradd nag yn y sector eilaidd na'r sector trydyddol. Roedd y patrwm hwn hefyd i'w weld yn y gorffennol mewn gwledydd sy'n fwy datblygedig heddiw. Gyda defnyddio mwy o beiriannau fferm fe welwyd bod angen llai o weithwyr ar y tir yn y sector cynradd. Mae'r patrwm yma hefyd i'w weld yn y sector eilaidd wrth i fwy a mwy o beiriannau cyfrifiadurol gael eu defnyddio i wneud y gwaith.

Ewch amdani!

Edrychwch ar y naw swydd isod. Mae'r rhestr hon yn cynnwys tair swydd yr un o'r sectorau cynradd, eilaidd a thrydyddol. Pa swyddi sy'n perthyn i bob sector?

**ffermwr   gweithiwr dur   pysgotwr   athro/athrawes
mwynwr neu löwr   nyrs   gweithiwr adeiladu ceir   ysgrifenyddes
gweithiwr gwneud sglodion silicon**

Astudiwch Ffigur 1.
(a) Nodwch ddau wahaniaeth rhwng y ddau siart cylch. [2]
(b) Eglurwch beth mae'r gwahaniaethau hyn yn ei awgrymu am ddatblygiad Malaysia rhwng 2000 a 2005. [2]

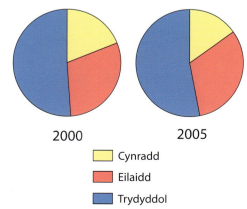

Ffigur 1 Cyflogaeth ym Malaysia: 2000 a 2005

Thema 3 | Pobl, Gwaith a Datblygiad

Materion yn ymwneud â rhyw ac oedran

Dydy cyflogaeth ddim yn deg bob amser. Mae pobl yn aml yn cael eu trin yn wahanol oherwydd eu rhyw, a ydyn nhw'n ferched neu'n ddynion, neu oherwydd eu hoedran.

> Mewn gwledydd tlawd mae merched yn llai tebygol o fynd i'r ysgol na bechgyn

> Mae mwy na phedair gwaith gymaint o ddynion na merched yn aelodau seneddol yn y Senedd yn Llundain

> Mewn rhai gwledydd tlawd, mae bechgyn mor ifanc ag 8 oed yn gweithio oriau hir iawn mewn ffatrïoedd nad ydynt yn ddiogel

Ffigur 2 Triniaeth annheg?

Ewch amdani!

1 Edrychwch ar y penawdau newyddion yn Ffigur 2.

2 Eglurwch sut gall pob un ohonyn nhw effeithio ar ansawdd bywyd unigolion neu grwpiau o bobl.

3 Awgrymwch beth allai gael ei wneud i wneud pob sefyllfa yn fwy teg.

Gwybodaeth fewnol

Yn yr arholiad, bydd disgwyl i chi ymateb i ffactorau sy'n dylanwadu ar fywydau pobl. Mae'n ddigon posib y bydd disgwyl i chi ddweud sut gallai ffactor arbennig effeithio ar ansawdd bywyd pobl. Wrth ateb cwestiwn o'r fath byddai'n syniad da i chi geisio rhoi eich hunan yn sefyllfa'r person neu'r grŵp hwnnw... cofiwch ddefnyddio brawddegau 'felly beth?'.

Ewch amdani!

1 Eglurwch y gwahaniaethau canlynol rhwng y ddwy flynedd sy'n cael eu dangos yn Ffigur 3:
 - cynnydd yn nifer y merched yn y diwydiannau trydyddol yn y ddwy wlad
 - lleihad mwy sylweddol yn nifer y merched a'r dynion yn y sector cynradd ym Malaysia.

2 Nodwch ddau wahaniaeth arall sy'n cael eu dangos gan y graffiau ac awgrymwch resymau drostyn nhw.

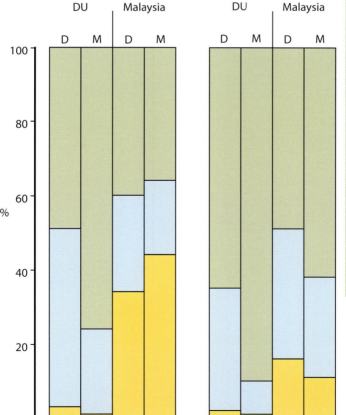

Ffigur 3 Newidiadau mewn cyflogaeth yn ôl rhyw

Thema 3 | Pobl, Gwaith a Datblygiad

Sut mae mesur datblygiad?

Y mesur mwyaf cyffredin o ddatblygiad ydy cyfoeth. Mae hwn yn aml yn cael ei ddangos gan Incwm Mewnol Crynswth (*GDI*) – term arall am hyn ydy *GDP* (*Gross Domestic Product*). Mae'n mesur gwerth y nwyddau a'r gwasanaethau sy'n cael eu cynhyrchu o fewn ffiniau gwlad mewn blwyddyn. Weithiau bydd y swm hwn yn cael ei rannu â phoblogaeth y wlad i roi'r Incwm Mewnol Crynswth y person neu 'y pen'.

Gadewch i ni ystyried enghraifft. Tybiwch fod gwlad â phedwar person yn unig yn byw yno ac â chyfanswm enillion o $40,000. Y GDI ar gyfer y wlad fyddai $40,000 ond ei GDI y person fyddai $40,000 ÷ 4 = $10,000.

Mae Incwm Gwladol Crynswth (*GNI*) yn debyg iawn i Incwm Mewnol Crynswth (*GDI*) ond mae'n cael ei gyfrifo ychydig yn wahanol.

Ymgais arall i fesur datblygiad ydy Llinell Brandt. Lluniwyd Llinell Brandt yn 1980 i rannu'r byd yn wledydd tlawd a gwledydd cyfoethog. Mae llawer o newidiadau wedi bod ers 1980 a dydy'r llinell bellach ddim yn dangos y gwir sefyllfa.

Ffigur 4 Llinell Brandt dros 30 mlynedd ers creu'r llinell wreiddiol yn 1980

(a) Pa ddau gyfandir sydd â'r gyfran uchaf o wledydd gydag incwm isel iawn? [1]
(b) Disgrifiwch ddosbarthiad y gwledydd sydd ag incwm isel iawn. [3]
(c) I ba raddau mae Llinell Brandt yn ddefnyddiol erbyn hyn o ran rhannu gwledydd tlawd a chyfoethog? [5]

Gwybodaeth fewnol

Yn rhan (c) maen nhw'n gofyn 'I ba raddau ...'. Gyda chwestiwn fel hwn bydd disgwyl i chi sôn am agweddau cadarnhaol ac agweddau negyddol cyn dod i gasgliad terfynol. Yn yr achos yma, rhowch dystiolaeth sydd o blaid a gwybodaeth sydd yn erbyn ac yna nodwch pa dystiolaeth sydd fwyaf argyhoeddedig.

Mae'n bosib diffinio a mesur datblygiad mewn sawl ffordd. Un dull ydy edrych ar gyfoeth y wlad. Ond, dydy cyfoeth ddim fel arfer wedi'i rannu'n gyfartal rhwng pawb. Mae gwlad gyfoethog yn gallu bod â nifer mawr o bobl sy'n byw mewn tlodi. Felly, mae dulliau eraill yn cael eu defnyddio i fesur datblygiad fel safon yr addysg, gofal iechyd neu ryddid gwleidyddol sydd gan bobl gyffredin. Mae'r rhain yn mesur datblygiad cymdeithasol.

Bwriad Llinell Brandt yn 1980 oedd rhannu'r byd yn wledydd tlawd a gwledydd cyfoethog, ond roedd gwledydd y gogledd yn rhannu'n ddau grŵp. Roedd gwledydd comiwnyddol dwyrain Ewrop ac Asia yn datblygu'n arafach o lawer na gwledydd cyfalafol gorllewin Ewrop a Gogledd America. Mae România er enghraifft yn wlad a fu'n gomiwnyddol ac mae'r Deyrnas Unedig yn wlad gyfalafol. Pan ddymchwelodd comiwnyddiaeth ar ddechrau'r 1990au roedd România yn bell ar ôl y DU o ran datblygiad economaidd.

Yn ystod y blynyddoedd diwethaf, mae llawer o wledydd i'r de o Linell Brandt wedi dechrau diwydianeiddio yn gyflym. Mae mwy o beiriannau'n cael eu defnyddio i ffermio'r tir ac mae mwy o bobl wedi mudo i'r dinasoedd i chwilio am waith yn y diwydiannau eilaidd a thrydyddol sy'n cynyddu. Mae Malaysia a gwledydd eraill tebyg yn enghreifftiau o Wledydd Newydd eu Diwydianeiddio (*NICs*).

Dangosydd	DU	România	Malaysia
% carthffosiaeth mewn ardal drefol	100	89	95
% yn llythrennog dros 15 oed	99	97	89
% o'r ffyrdd â tharmac	100	50	80
Disgwyliad oes adeg geni	79	73	74

Ffigur 5a Dangosyddion datblygiad allweddol

Blwyddyn	DU	România	Malaysia
2000	27	4	21
2005	65	17	49
2006	65	21	52
2007	72	24	56

Ffigur 5b Mae'r byd yn mynd yn llai: Canran o'r boblogaeth sy'n defnyddio'r rhyngrwyd

Ewch amdani!

1. Edrychwch ar y wybodaeth sydd yn Ffigur 5a. Penderfynwch beth ydy'r dangosyddion pwysicaf a lleiaf pwysig o ddatblygiad yn eich barn chi. Beth ydy'r rhesymau dros ddweud hyn?
2. Pa ddangosyddion eraill y gallech chi fod wedi'u dewis? Pam?
3. Defnyddiwch *Google* i chwilio am 'Human Development Report' neu ' UNDATA country figures' i gael hyd i dystiolaeth am y dangosyddion rydych chi wedi'u dewis.
4. I ba raddau mae'r wybodaeth a dderbyniwyd gennych o'r we yn cefnogi eich barn chi am werth Llinell Brandt heddiw?

Y pentref byd-eang

Defnyddiwyd y term 'pentref byd-eang' am y tro cyntaf yn ystod yr 1960au i ddisgrifio'r ffordd roedd cyfathrebu electronig, fel y ffôn, yn gwneud cyfathrebu byd-eang yn haws. Mae'r term bellach yn cael ei ddefnyddio i ddangos fel mae gwledydd yn dibynnu ar ei gilydd o ran masnach, teithio, mudo, y rhyngrwyd yn ogystal â chysylltiadau diwylliannol.

Mae'r term globaleiddio yn cyfeirio at y ffordd mae unigolion a gwledydd yn gysylltiedig â 'i gilydd ar raddfa fyd-eang.

Astudiwch Ffigur 5b.
(a) Nodwch un ffordd mae'r duedd o ran defnyddio'r rhyngrwyd yn debyg yn y DU a Malaysia. [1]
(b) Cymharwch y defnydd o'r rhyngrwyd yn România â'r defnydd o'r rhyngrwyd ym Malaysia. [2]
(c) Eglurwch sut gallai defnyddio'r rhyngrwyd helpu gwlad i ddatblygu'n economaidd. [2]
(ch) Awgrymwch ac eglurwch ddwy ffordd y gallai defnyddio'r rhyngrwyd helpu i wella ansawdd bywyd pobl ledled y byd. [4]

Beth ydy manteision ac anfanteision byd cyd-ddibynnol?

Mae gwledydd yn dibynnu ar ei gilydd mewn sawl ffordd: mae pobl yn teithio o un wlad i'r llall ar gyfer gwaith a hamdden, maen nhw'n masnachu nwyddau a gwasanaethau. Maen nhw hefyd yn helpu ei gilydd o ran cymorth i'w gilydd. Mae digwyddiad mawr mewn un rhan o'r byd yn gallu effeithio ar rannau eraill o'r byd. Mae rhai o effeithiau cyd-ddibyniaeth yn gadarnhaol ac mae eraill yn negyddol.

Yn ystod 2008, gwnaeth methiant ariannol nifer o fanciau yn UDA effeithio ar y marchnadoedd arian mewn llawer o wledydd, gan greu problemau i fenthycwyr. Yn y DU, fel mewn gwledydd eraill, fe arweiniodd hyn at bobl yn methu prynu tai, ac achosodd iddyn nhw brynu llai o nwyddau newydd fel ceir gyda hyn yn arwain at gynnydd mewn diweithdra. Yr enw ar hyn ydy dirwasgiad.

Beth sy'n digwydd mewn dirwasgiad?

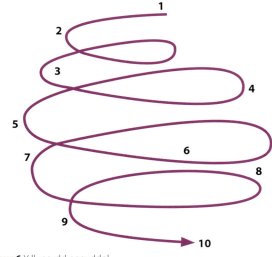

1 Ni chaiff benthyciadau banc eu talu'n ôl
2 Y banciau yn benthyca llai o arian
3 Pobl yn prynu llai o nwyddau
4 Cwmnïau gweithgynhyrchu yn diswyddo gweithwyr
5 Cwmnïau sy'n cyflenwi cwmnïau gweithgynhyrchu yn diswyddo gweithwyr
6 Llai o arian yn cael ei wario yn y wlad
7 Cwmnïau gwasanaethu yn cau, yn cael gwared â staff
8 Llai o drethi yn cael eu talu
9 Llai o arian ar gyfer gwasanaethau cyhoeddus
10 Cwtogi ar wasanaethau cyhoeddus – staff yn colli eu gwaith

Ffigur 6 Y lluosydd negyddol

Ewch amdani!

Ar gyfer Astudiaeth Achos rydych wedi gweithio arni yn y dosbarth neu enghraifft o'ch ardal leol, amlinellwch effeithiau'r lluosydd negyddol. Gwnewch hyn drwy ddefnyddio'r camau canlynol:

1 Gwnewch gopi o'r diagram lluosydd negyddol. Peidiwch â chynnwys y datganiadau.

2 Ychwanegwch ddatganiadau rydych chi wedi'u paratoi gan gynnwys lleoedd penodol, swyddi a nifer y bobl yr effeithiwyd arnyn nhw.

Gwybodaeth fewnol

Bydd cyfle i chi ddefnyddio rhai o'ch Astudiaethau Achos yn y papurau arholiad. Byddwch o bosib hefyd yn gallu defnyddio peth o'r wybodaeth fel tystiolaeth ar gyfer y penderfyniad a wnewch ar y papur datrys problemau.

Fodd bynnag, os byddwch yn defnyddio'r wybodaeth hon bydd angen i chi roi manylion penodol i ennill y marciau gorau. Er enghraifft, yn yr achos yma:
- enwi lleoedd penodol
- rhoi ffigurau manwl
- rhoi manylion am y swyddi a gollwyd.

Yr unig ffordd y gallwch wneud hyn ydy trwy adolygu eich gwaith yn fanwl ac ymarfer dewis y wybodaeth iawn ar yr adeg iawn.

Agweddau cadarnhaol ar gyd-ddibyniaeth

Rydych newydd fod yn gweithio ar enghraifft o sut mae cyd-ddibyniaeth yn gallu creu problemau. Efallai eich bod yn gallu meddwl am eraill. Mae yna, fodd bynnag, lawer o effeithiau cadarnhaol.

Ewch amdani!

1. Gwnewch gopi o'r tabl isod cyn mynd ati i ddangos sut mae eich bywyd chi yn dibynnu ar rannau eraill o'r byd. Gallwch gynnwys rhesi ychwanegol i ddangos pethau eraill sy'n effeithio arnoch, fel tai bwyta, gwyliau a rhaglenni teledu.

Eitem	Gwlad
Dilledyn 1	
Dilledyn 2	
Diod poeth	
Bwyd tun	
Ffrwythau ffres	
Offer trydanol	

2. Sut gallai eich bywyd newid pe na bai nwyddau a gwasanaethau yn cael eu cyfnewid rhwng gwledydd?

3. Mae'r agwedd hon ar gyd-ddibyniaeth yn effeithio ar eraill ar wahân i chi. Awgrymwch rai manteision ar gyfer y gwledydd sy'n darparu'r nwyddau a'r gwasanaethau hyn ar eich cyfer.

Dydy hi bydd yn hawdd!

Ffigur 7 Nyrsys sydd newydd gymhwyso y tu allan i'r DU sy'n gweithio yn y Gwasanaeth Iechyd Gwladol (*NHS*)

(a) Disgrifiwch ddosbarthiad gwledydd gwreiddiol y nyrsys. [3]
(b) Cwblhewch bob un o'r brawddegau canlynol i helpu i egluro pam fod y nyrsys wedi mudo i'r DU ar ôl derbyn eu hyfforddiant. [2]
Mae'r rhan fwyaf yn wledydd sy'n dlawd yn economaidd felly ...
Mae'r rhan fwyaf yn aelodau o'r Gymanwlad felly ...
(c) Yn eich barn chi, ydy'r mudo hwn yn beth da neu'n beth drwg? Rhaid i chi gyfeirio at effeithiau ar y wlad sy'n anfon a'r wlad sy'n derbyn, yn eich ateb. Edrychwch ar dudalen 207 yn *TGAU Daearyddiaeth ar gyfer manyleb B CBAC: Llyfr Myfyriwr* i'ch helpu. [5]

Thema 3 | Pobl, Gwaith a Datblygiad

Sut mae masnach yn gweithio?

Fel rydym wedi ei weld yn y tudalennau blaenorol, mae llawer o'r gyd-ddibyniaeth rhwng gwledydd yn ganlyniad i fasnach. Mae rhai gwledydd yn cynnig nwyddau neu wasanaethau penodol ac mae gwledydd eraill yn cynnig rhai eraill. Yn draddodiadol, mae'r DU wedi dibynnu ar wledydd y Gymanwlad ar gyfer defnyddiau cynradd. Mae'r DU yn ei thro yn allforio nwyddau wedi'i gweithgynhyrchu a gwasanaethau fel bancio i'r gwledydd hyn.

Fodd bynnag, mae masnach yn llawer iawn mwy cymhleth na hynny.

Mae dau fath sylfaenol o gytundebau masnachu:

1 *Masnach rydd*: lle mae nwyddau a gwasanaethau yn cael eu mewnforio a'u hallforio heb unrhyw gyfyngiadau.
2 *Masnach gyfyngedig*: mae hyn fel arfer yn golygu amddiffyn diwydiant mewn un wlad drwy atal mewnforion o wledydd eraill. Mae hyn yn cael ei wneud drwy gwotâu, toll fewnforio neu gymorthdaliadau.

Cwota: gosod terfyn ar faint o'r nwyddau y gall un wlad eu hallforio i wlad arall.

Toll fewnforio: Treth neu doll mae'n rhaid ei thalu gan gwmni pan fydd nwyddau'n cael eu hallforio/mewnforio rhwng gwledydd.

Cymhorthdal: Tâl sy'n cael ei roi gan wlad i'w chynhyrchwyr ei hun er mwyn eu gwneud nhw'n fwy cystadleuol â nwyddau sy'n cael eu mewnforio.

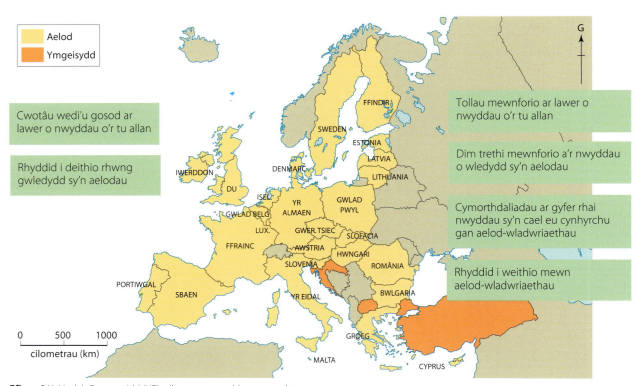

Ffigur 8 Yr Undeb Ewropeaidd (UE) – llawer mwy na bloc masnachu

Ewch amdani!

1 Edrychwch ar y map o aelod-wladwriaethau'r UE. Rhestrwch y manteision masnach o fod yn aelod-wladwriaeth o'r UE. Ar gyfer pob ffactor rydych chi'n ei restru, ysgrifennwch frawddeg yn egluro'r fantais i gwmni sy'n gweithgynhyrchu yn y DU.

2 Mae rhai manteision sy'n berthnasol i unigolion sy'n byw yng ngwledydd yr UE. Defnyddiwch y manteision hyn i egluro sut gallai byw mewn aelod-wladwriaeth o'r UE fod yn fanteisiol i chi yn y dyfodol.

Masnach rydd - deddf cyflenwad a galw

Mae Ghana yn cynhyrchu coco. Mae coco yn cael ei ddefnyddio i wneud siocled. Mae pobl yr UE yn bwyta llawer o siocled. O ganlyniad, mae 75% o goco Ghana yn cael ei allforio i wledydd yr UE. Mae cwmnïau siocled yr UE yn prynu'r coco am y pris isaf maen nhw'n gallu. Ar gyfartaledd, mae ffermwr coco yn Ghana yn ennill £160 yn unig y flwyddyn.

Os ydy gormod o goco yn cael ei gynhyrchu (h.y. gwarged) bydd y pris sy'n cael ei dalu i ffermwyr coco Ghana yn gostwng. Os oes prinder coco (h.y. diffyg) bydd y pris yn cynyddu.

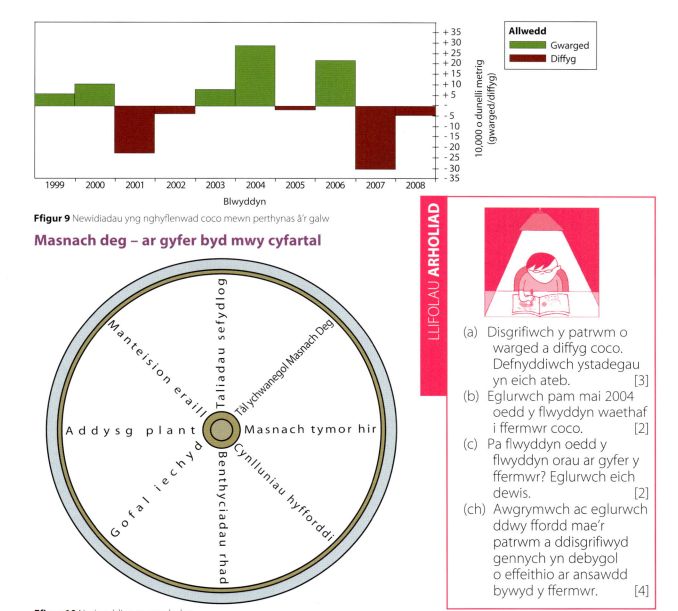

Ffigur 9 Newidiadau yng nghyflenwad coco mewn perthynas â'r galw

Masnach deg – ar gyfer byd mwy cyfartal

LLIFOLAU ARHOLIAD

(a) Disgrifiwch y patrwm o warged a diffyg coco. Defnyddiwch ystadegau yn eich ateb. [3]
(b) Eglurwch pam mai 2004 oedd y flwyddyn waethaf i ffermwr coco. [2]
(c) Pa flwyddyn oedd y flwyddyn orau ar gyfer y ffermwr? Eglurwch eich dewis. [2]
(ch) Awgrymwch ac eglurwch ddwy ffordd mae'r patrwm a ddisgrifiwyd gennych yn debygol o effeithio ar ansawdd bywyd y ffermwr. [4]

Ffigur 10 Nodweddion masnach deg

Astudiaeth Achos – y wybodaeth

Defnyddiwch yr olwyn yn Ffigur 10 i'ch helpu i gasglu ffeithiau ar gyfer Astudiaeth Achos ar broject masnach deg rydych chi wedi'i astudio yn y dosbarth neu rydych wedi dod o hyd iddo ar y rhyngrwyd.

1. Dechreuwch drwy greu llinfap i ddangos lleoliad y project. Yna disgrifiwch weithgareddau'r bobl sy'n gysylltiedig â'r project.
2. Cwblhewch y ffeil ffeithiau drwy symud o gwmpas yr olwyn gan ddechrau o'r top a symud yn glocwedd. Cofiwch gynnwys cymaint o wybodaeth ag sy'n bosib.

Beth ydy swyddogaeth cymorth?

Dydy hi ddim yn bosib bob amser i wlad ymateb i ddigwyddiad ar ei phen ei hun a bydd angen cymorth eraill arni. Mewn achos o'r fath, bydd cymorth yn cael ei roi iddi. Mae'r arian ac adnoddau eraill yn dod o dair prif ffynhonnell.

Mathau o gymorth

Cymorth amlochrog: cymorth sy'n cael ei roi gan nifer o lywodraethau i sefydliadau rhyngwladol mawr sy'n penderfynu sut mae'r cymorth hwn yn cael ei ddosbarthu.

Cymorth dwyochrog: cymorth sy'n cael ei roi gan lywodraeth un wlad i lywodraeth gwlad arall.

Cymorth anllywodraethol: cymorth gan sefydliadau annibynnol, yn aml elusennau, sy'n casglu cyfraniadau ar gyfer gwledydd a grwpiau sydd angen cymorth.

Defnyddio'r cymorth

Mae'n bosib defnyddio cymorth ar gyfer dau brif bwrpas:

1 Fel mesur tymor byr i helpu pobl mewn argyfwng.

2 Fel mesur tymor hir, ar ffurf cymorth datblygu, i helpu pobl i gymryd rheolaeth ar eu bywydau.

Cymorth mewn argyfwng

Congo: Oxfam yn darparu cymorth mewn argyfwng

16 Gorffennaf, 2009

Yn ôl Colo McCabe mae Oxfam yn ceisio cyflenwi dŵr glân a glanweithdra i'r ardaloedd sydd â chynnydd mewn trais, llafur gorfodol, ymosodiadau dial ac arteithio yn nwyrain Congo.

Argyfwng: Dyna sut y disgrifiodd Oxfam y sefyllfa ddyngarol sy'n wynebu llawer o'r 800,00 o bobl a orfodwyd o'u cartrefi yn nhaleithiau dwyreiniol Gweriniaeth Ddemocratig Congo ers dechrau 2009, yn ôl y Cenhedloedd Unedig. Dyna pryd dechreuodd milwyr y Congo ymgyrchu gyda chefnogaeth y CU yn erbyn grŵp o wrthryfelwyr o Rwanda o'r enw *FDLR*, neu'r *Forces Démocratique de Libération du Rwanda*.

Mae llawer o'r bobl a symudwyd bellach yn cael lloches gyda theuluoedd, ond mae'r tai yn fach gydag un ystafell a heb gyflenwad digonol o ddŵr glân na glanweithdra. Er mwyn darparu ar gyfer eu hanghenion, mae Oxfam wedi sefydlu swyddfa ymateb yn Bukavu, dinas yn nhalaith De Kivu, a bydd hefyd yn cynyddu ei waith yng Ngogledd Kivu.

Merched a phlant yng ngwersyll Mugunga, Goma, Talaith Gogledd Kivu yn dianc rhag milwyr arfog yn eu pentrefi yn rhan ogleddol y dalaith.
[Llun: Caroline Irby]

Gyda help sefydliad lleol mae Oxfam yn cario 200,000 litr o ddŵr glân bob dydd i ganolfannau poblog lle mae llawer o bobl wedi mynd am loches, gan gynnwys Lubero yng Ngogledd Kivu. Mae hefyd yn ceisio ailsefydlu systemau dŵr yn yr ardaloedd hynny ac mae'n dosbarthu offer hanfodol fel sebon a bwcedi.

Er bod Oxfam yn helpu 130,000 o bobl yn ychwanegol erbyn hyn, mae'n anodd dosbarthu'r cymorth angenrheidiol hyn mewn rhai ardaloedd oherwydd ansicrwydd. Mae'r ymosodwyr wedi cau ffyrdd i leoedd fel Walikale yng Ngogledd Kivu a hefyd i rannau o Dde Kivu. Mae Oxfam wedi galw ar yr holl bartïon i barchu eu cyfrifoldebau dan y gyfraith ddyngarol ryngwladol ac i adael y cymorth trwodd.

Colo McCabe, Oxfam GB, 2009

Ffigur 11 Cymorth mewn argyfwng

Astudiaeth achos – y wybodaeth

Mae cymorth argyfwng yn aml yn cael ei roi yn dilyn dinistr naturiol fel llifogydd, sychder neu ddaeargryn. Mewn rhai achosion mae argyfwng yn ganlyniad i wrthdaro rhwng grwpiau gwahanol o bobl. Defnyddiwch Ffigur 11 ac atlas i'ch helpu i ateb y cwestiynau canlynol ar yr astudiaeth achos:

- Enwch ardal yr effeithiwyd arni gan drychineb.
- Disgrifiwch y prif effeithiau ar y bobl.
- Eglurwch pa mor effeithiol oedd y cymorth argyfwng a roddwyd.
- Efallai y byddwch am ddefnyddio gwybodaeth sydd gennych yn eich nodiadau i'ch helpu i ateb y cwestiwn.

Cymorth datblygu – pa lwybr ydy'r llwybr i gynaliadwyedd?

Does dim ateb syml i'r cwestiwn hwn. Mewn gwledydd tlawd, y dewis ydy defnyddio'r cymorth i fuddsoddi mewn projectau datblygu mawr, fel argaeau amlbwrpas, neu nifer mawr o brojectau bach sy'n defnyddio technoleg symlach. Mae'r projectau hyn yn gallu cynnwys cyflwyno technoleg cyfathrebu a sicrhau cyflenwad dŵr i bentrefi unigol.

Mae'r ddwy enghraifft isod yn dangos cymorth gan *CIDA (Canadian International Development Agency)* i wledydd yn Affrica. Dechreuwyd y ddau gynllun yn yr 1970au cynnar.

Lleoliad: Mali

Nodau:
- gwella gwasanaethau sylfaenol i'r pentrefi
- darparu addysg sylfaenol o safon uchel – yn arbennig i ferched
- gwella darpariaeth gofal iechyd yn y pentrefi
- cynnig mwy o gyfleoedd gwaith
- cynnig benthyciadau teg i ffermwyr.

Rhai effeithiau:
- Faso Jigi: sefydliad o 5,000 o aelodau mewn 134 cwmni cydweithredol. Yn cynnig benthyciadau ac yn gwarantu pris teg ac incwm i ffermwyr.
- Ysgol Gymunedol Sebenikoro: 512 o ddisgyblion 5–12 oed. Mae 320 ohonyn nhw'n ferched. Mae'r athrawon i gyd yn ddynion.
- Sefydliad Hyfforddiant Gwyddorau Iechyd Cenedlaethol: yn gwella effeithiolrwydd nyrsys, parafeddygon ayb.

Lleoliad: Tanzania

Nodau:
- datblygu tyfu gwenith ar raddfa fawr ar dir pori traddodiadol
- allforio 50% o'r gwenith a defnyddio'r gweddill mewn becws (*bakery*) dan reolaeth cwmni o Ganada yn Tanzania
- defnyddio peiriannau sy'n cael eu mewnforio o Ganada
- cynnig cymorth i Tanzania yn gyfnewid am fasnach â Chanada.

Rhai effeithiau:
- Symud llwyth bugeiliol nomadig y Barabaig o'u tiroedd traddodiadol.
- Cyflenwi gwenith ar gyfer gwneud bara sy'n cael ei fwyta yn bennaf gan bobl gyfoethog y trefi.
- Mae *BECA (Biosciences Eastern and Central Africa)* yn helpu ffermwyr tlawd i wella eu defnydd o dechnoleg ffermio.

LLIFOLAU ARHOLIAD

Mewn rhai rhannau o'r cwrs bydd gofyn i chi roi eich barn chi. Mae hyn yn digwydd, er enghraifft, yn yr Asesiad dan Reolaeth sy'n cael ei alw 'Y Mater' yn ogystal â'r papur datrys problemau.

I roi ychydig o ymarfer i chi darllenwch y darn isod ac yna rhowch gynnig ar y dasg:

'… os ydych chi'n gofyn i ffermwr o Mali beth sydd ei angen arno fe fydd yn dweud bod arno angen aradr, pâr o ychen a dŵr i ddyfrhau'r tir. Ni fydd yn dweud bod arno angen hadau GM.' Ibrahima Coulibaly, Ffermwr o Mali.

- Pa un o'r ddau gynllun cymorth uchod sy'n bodloni orau datganiad Ibrahima Coulibaly am anghenion ffermwr? Eglurwch eich dewis.
- Ydy eich barn chi yn debyg neu'n wahanol i farn Ibrahima? Defnyddiwch wybodaeth fanwl i'ch helpu i egluro pam.

Lleoliad, lleoliad, lleoliad

Mae'r rhesymau pam mae diwydiant yn penderfynu sefydlu mewn lleoliad arbennig yn benderfyniad syml weithiau ond gan amlaf mae'r broses benderfynu yn eithaf cymhleth. Ar y lefel sylfaenol mae'n gallu bod oherwydd bod mwyn arbennig yn y lleoliad hwnnw.

Mewn achosion eraill, mae rhai, neu'r cyfan, o'r ffactorau canlynol yn cael eu hystyried:
- safle addas ar gael ar gyfer ei ddatblygu
- lleoliad addas
- cysylltiadau cludiant
- gweithwyr addas ar gael
- cymhellion lleol neu genedlaethol i'w denu i'r lleoliad.

Gadewch i ni ddechrau drwy edrych ar safle a lleoliad:

Safle: Y tir y mae'r uned ddiwydiannol yn cael ei hadeiladu arno. Mae ffactorau fel y canlynol yn gallu cael eu hystyried yn bwysig: maint, pa mor wastad ydy'r tir, a fu adeiladu ar y safle o'r blaen (*safle tir llwyd*) neu a fydd adeiladu arno am y tro cyntaf nawr (*safle tir glas*).

Lleoliad: Y tir o amgylch y safle. Sut mae lleoliad y safle mewn perthynas, er enghraifft, â chysylltiadau cludiant, gweithlu a chyfleusterau eraill ac amgylchedd braf ar gyfer y gweithlu.

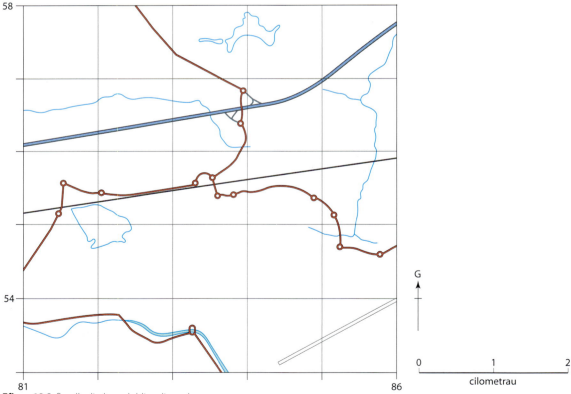

Ffigur 12 Safle a lleoliad uned ddiwydiannol

Thema 3 | Pobl, Gwaith a Datblygiad

Astudiaeth Achos – y wybodaeth

Mae yna adegau pan fydd hi'n bosibl cwblhau'r cyfan o'r Astudiaeth Achos drwy ddefnyddio llinfap. Does dim angen ysgrifennu estynedig o gwbl!

Bydd angen copi o'r llinfap ar y dudalen gyferbyn arnoch. Bydd hefyd angen i chi ddefnyddio'r Map Ordnans sydd a'r ochr fewnol y clawr blaen.

Dilynwch y dilyniant hwn:

1 Labelwch eich map i ddangos:
- cyffordd ar draffordd yr M3
- Maes Awyr Farnborough.

2 Lliwiwch a labelwch:
- ardal eang o dir adeiledig
- ardal o lyn a choetir
- ardal o dir glas yn agos at yr uned.

Ychwanegwch y wybodaeth hon at yr allwedd. Nodwch nad oes gofyn i chi labelu'r rheilffordd. Does dim gorsaf yn yr ardal sy'n cael ei chynnwys gan y map – felly mae'n ymddangos nad ydy hyn yn bwysig i'r cwmni.

3 Anodwch bob un o'ch labeli i ddangos eu pwysigrwydd i'r cwmni. Defnyddiwch yr anodiadau isod. Mae un wedi'i wneud i chi. Dylai pob un o'ch anodiadau gynnwys mwy o fanylion drwy ofyn 'felly beth ...'
- Yn caniatáu i swyddogion o'r cwmni hedfan i leoliadau eraill felly mae'n arbed amser a thrafferth iddyn nhw.
- Yn agos at ffynhonnell o weithwyr felly ...
- Yn caniatáu i weithwyr deithio'n hwylus i'r gwaith yn ogystal â'r defnyddiau felly ...
- Ardaloedd hamdden gerllaw felly ...
- Ardal o dir gwastad ar gyfer ehangu yn y dyfodol felly ...

Drwy ychwanegu datganiad mai'r safle hwn ydy Canolfan Ymchwil a Datblygiad *Nokia* yn Farnborough yn Hampshire bydd eich map cyflawn wedi rhoi ateb llawn i'r Astudiaeth Achos canlynol:

'Ar gyfer lle sydd wedi'i enwi, disgrifwch ei leoliad ac eglurwch sut mae'r lleoliad o fudd i'r cwmni a'i weithwyr.'

Oes yna Astudiaethau Achos eraill rydych chi'n gyfarwydd â nhw y gallech ddefnyddio llinfap wedi'i anodi i'w hateb?

Gwybodaeth fewnol

Weithiau, bydd disgwyl i chi ateb Astudiaeth Achos drwy ddefnyddio llinfapiau ond hyd yn oed os nad ydyn nhw'n gofyn i chi wneud hynny mae defnyddio llinfap addas sydd wedi'i ddewis yn dda a'i luniadu'n dda yn debygol o greu argraff dda ar yr arholwyr.

Allwch chi baratoi 'llinfap' tebyg i ateb yr Astudiaeth Achos isod?

Ar gyfer lle mae hygyrchedd i wasanaethau wedi newid:
- Enwch a rhowch leoliad y lle.
- Disgrifiwch sut mae hygyrchedd i wasanaethau wedi newid.
- Eglurwch sut mae'r newid i'r hygyrchedd i wasanaethau wedi effeithio ar grwpiau gwahanol o bobl.

Thema 3 | Pobl, Gwaith a Datblygiad

Cwmnïau amlwladol

Cwmnïau cyfoethog a gwledydd tlawd

Un o'r prif ddylanwadau ar globaleiddio yw cwmnïau amlwladol. Mae'r rhain yn gwmnïau mawr sydd a'u pencadlys mewn un ddinas gyda swyddfeydd a ffatrïoedd eraill ledled y byd.

Mae'r elw sy'n cael ei wneud gan rai o'r cwmnïau amlwladol mwyaf yn fwy na *GNI* gwledydd tlotaf y byd. Yn 2008 roedd elw *Royal Dutch Shell* yn $458 biliwn (UDA). *GNI* Gweriniaeth y Congo yn yr un flwyddyn oedd $15.6 biliwn. Mae cwmnïau amlwladol mawr yn gyfoethog ac yn bwerus.

Ffigur 13 Dinasoedd sydd â'r nifer mwyaf o bencadlysoedd cwmnïau amlwladol

Gwlad	GNI y pen ($UDA)
Gweriniaeth Ddemocrataidd y Congo	348
Liberia	456
Zimbabwe	487
Barundi	615
Eritrea	735
Gweriniaeth Canolbarth Affrica	768
Niger	771
Sierra Leone	849
Malawi	860
Togo	934

Y deg gwlad dlotaf yn y byd (2011)

LLIFOLAU ARHOLIAD

Ceisiwch ateb y cwestiynau canlynol:
(a) Dangoswch y wybodaeth sydd yn y tabl ar gopi o'r map yn Ffigur 13.
(b) Disgrifiwch ddosbarthiad y dinasoedd sydd â'r nifer mwyaf o bencadlysoedd cwmnïau amlwladol. Defnyddiwch ddata yn eich ateb. [3]
(c) Cymharwch hyn â dosbarthiad y gwledydd tlotaf yn y byd. [2]
(ch) Awgrymwch resymau dros y gwahaniaethau rydych chi wedi eu disgrifio. [4]

Gwybodaeth fewnol

Mae'n siŵr eich bod yn gyfarwydd erbyn hyn â'r rhestr wirio syml yma i'ch helpu i ateb y cwestiwn uchod:
(a) Mae'r cwestiwn yn gofyn i chi ddisgrifio patrwm – peidiwch â rhestru'r dinasoedd yn unig. Cyfeiriwch at gyfandiroedd a hemisfferau.
(b) Mae 'cymharwch' yn gofyn i chi chwilio am y gwahaniaethau a/neu yr hyn sy'n debyg. Yn yr enghraifft hon rydych yn debygol o fod yn disgrifio gwahaniaethau yn bennaf. Peidiwch â chael eich temtio i egluro unrhyw beth yma.
(c) Dyma eich cyfle i egluro. Dydy'r cwestiwn ddim yn nodi sawl pwynt mae'n rhaid i chi wneud, felly chi sydd i benderfynu. Gallech ddewis mynd am un pwynt syml yn unig gydag o leiaf dri datganiad 'felly beth?' neu gallech fynd i'r eithaf arall a rhoi pedwar pwynt syml. Gallech hefyd rhoi dau bwynt gyda mwy o wybodaeth... neu un pwynt syml gydag un arall yn rhoi o leiaf dau ddatganiad 'felly beth?'!
Ydych chi'n deall beth i'w wneud?

Thema 3 | Pobl, Gwaith a Datblygiad

Cwmnïau amlwladol – pam lleoli yno?

Allwedd:
■ Ffatrïoedd cynhyrchu ceir
▲ Ffatrïoedd cydosod ceir
● Pencadlys

Ffigur 14 Lleoliad ffatrïoedd ceir *BMW*

BMW yw un o'r prif gwmnïau gweithgynhyrchu ceir yn y byd. Mae pencadlys y cwmni yn Munich yn ne'r Almaen. Mae gan y cwmni ffatrïoedd cynhyrchu a ffatrïoedd cydosod ceir ledled y byd. Y gwahaniaeth rhwng ffatrïoedd cynhyrchu ceir a chydosod ceir ydy bod ffatri cynhyrchu ceir yn adeiladu'r car cyfan o'r dechrau i'r diwedd ond mae ffatri sy'n cydosod ceir yn defnyddio darnau o geir sy'n cael eu gweithgynhyrchu mewn ffatri arall.

LLIFOLAU ARHOLIAD

Astudiwch Ffigurau 13 ac 14:
(a) Disgrifiwch y berthynas rhwng ffatrïoedd *BMW* a *GDP* gwledydd y byd. [3]
(b) Eglurwch y berthynas hon yn nhermau:
(i) marchnadoedd posibl
(ii) gweithlu addas. [4]

Ewch amdani!

Cwblhewch gopi o'r tabl isod i helpu i egluro rhai o'r dylanwadau ar leoliad ffatrïoedd *BMW*:

1 Ychwanegwch ffactor arall at y golofn gyntaf.

2 Os ydyn nhw'n gofyn am leoliad ffatri, naill a'i rhowch enw'r ddinas neu enw'r wlad gyda help atlas.

3 Mae'n debygol eich bod wedi astudio cwmni amlwladol gwahanol. Os felly, cwblhewch y tabl ar gyfer y cwmni hwnnw.

Ffactor	Eglurhad	Lleoliad y ffatri
Mae nwyddau sy'n cael eu cynhyrchu mewn gwlad sy'n aelod o'r UE yn rhydd o dollau mewnforio wrth iddyn nhw gael eu gwerthu o fewn yr UE.	Fel bydd cost y car sy'n cyrraedd y prynwr yn is na'r ceir sydd wedi'u gwneud y tu allan i'r UE – bydd hyn yn arwain at fwy o elw i'r cwmni.	
Mae llywodraeth leol a chenedlaethol yn y DU yn cynnig cymhellion i gwmnïau sy'n sefydlu yn y DU.		
Mae'r rhan fwyaf o gwmnïau amlwladol am gynhyrchu eu nwyddau yn agos at eu pencadlys er mwyn manteisio ar iaith gyffredin.		
Mae cwmnïau gweithgynhyrchu yn dymuno gwneud eu nwyddau'n agos at farchnadoedd mawr pell.		
Mae costau llafur yn aml yn uchel yn y wlad lle mae'r pencadlys ond yn llawer is mewn rhannau eraill o'r byd.		

Cwmnïau amlwladol - da neu ddrwg?

Y da?

Fel rydym wedi ei weld eisoes, mae cwmnïau amlwladol yn buddsoddi llawer mewn ardal maen nhw'n dewis sefydlu ynddi. Mae hyn yn arwain at *gyflogaeth uniongyrchol* – gwaith ar gyfer pobl leol yn y ffatrïoedd. Mae hefyd yn aml yn creu mwy o swyddi mewn cwmnïau eraill sy'n gysylltiedig â'r broses gynhyrchu. Mae ffatri sy'n cydosod ceir er enghraifft yn debygol o ddenu cwmnïau sy'n cynhyrchu darnau i'r ardal.

Dydy'r manteision ddim yn gorffen yma. Fe welsoch ar dudalen 64 fel mae'r lluosydd negyddol yn gweithio. Gyda chwmni amlwladol yn symud i'r ardal mae'n debygol o arwain at luosydd cadarnhaol i'r ardal a'r wlad.

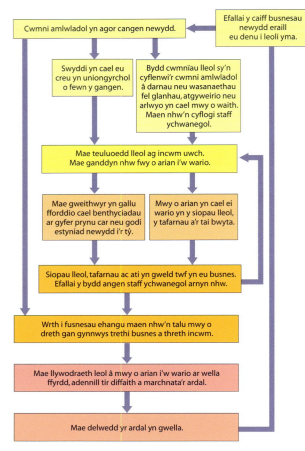

Ffigur 15 Y lluosydd cadarnhaol ar waith

Ewch amdani!

Mae Ffigur 15 yn un syml. Mae'n edrych ar broses yn gyffredinol heb gynnwys manylion penodol am effeithiau cwmni amlwladol sydd wedi'i enwi yn agor ffatri neu swyddfa newydd rywle arall yn y byd.

Gan ddefnyddio gwybodaeth sydd gennych am gwmni amlwladol rydych chi wedi'i astudio, gwnewch gopi o Ffigur 15 ond yn lle'r datganiadau cyffredinol rhowch ddatganiadau sy'n benodol i'r cwmni rydych chi wedi'i astudio:

- Enwch y cwmni amlwladol a nodwch lle cafodd y ffatri neu'r swyddfa newydd ei chodi.
- Enwch gwmnïau newydd sydd wedi agor yn ogystal â nifer y gweithwyr maen nhw'n eu cyflogi.
- Rhowch fanylion am wasanaethau lleol sydd wedi elwa - a beth oedd y manteision hynny.
- Disgrifiwch y newidiadau sydd wedi'u gwneud i'r ardal leol.
- Eglurwch pam y gall y newidiadau hyn ddenu mwy o fusnes i'r ardal.

Y drwg?

Mae rhai pobl yn dadlau nad ydy cwmnïau amlwladol mor fanteisiol i ardal ag sydd wedi cael ei awgrymu. Mae record tymor hir rhai cwmnïau heb fod yn gymaint o fantais ac mae'n bosibl bod y lluosydd cadarnhaol cychwynnol wedi troi'n negyddol dros gyfnod hirach.

> **Sony yn cau a 650 o weithwyr yn colli eu gwaith**
>
> Mae cwmni enfawr *Sony* wedi penderfynu cau ei ffatri fawr yn ne Cymru. Bydd 650 o weithwyr yn colli eu gwaith oherwydd gostyngiad yng ngwerthiant setiau teledu traddodiadol. Bydd cyfanswm o 400 yn colli eu gwaith yn y brif ffatri ym Mhen-y-bont erbyn mis Mawrth 2006. Bydd 250 arall yn colli eu gwaith yn ffatri gydosod Pencoed gan adael 300 o weithwyr. Rhoddodd y cwmni y bai ar y twf yn y galw am setiau teledu sydd â sgrin fflat.
>
> **Ffynhonnell:** Newyddion y BBC ar-lein: 29 Mehefin 2005

Ffigur 16 Agorodd ffatri *Sony* ym Mhen-y-bont yn 1973

Thema 3 | Pobl, Gwaith a Datblygiad

1. Ymyrryd mewn etholiadau democrataidd

2. Ateb i'w cyfranddalwyr yn unig

3. Record wael o ran hawliau dynol

4. Achosi llawer o ddifrod i'r amgylchedd

Ffigur 17 Pam mae'r cyfan yn gallu mynd yn ffliwt?

Dyfodol cynaliadwy

Yn ystod y blynyddoedd diwethaf mae rhai llywodraethau cenedlaethol wedi gosod cryn bwysau ar gwmnïau amlwladol heb sôn am bwysau gan weithredoedd defnyddwyr. O ganlyniad i hyn mae'r llywodraethau a'r cwmnïau yn ceisio creu dyfodol mwy cynaliadwy i'r ddwy ochr.

Mae WRAP (*Worldwide Responsible Accredited Production*) yn sefydliad annibynnol sydd wedi'i leoli yn yr Unol Daleithiau. Pwrpas WRAP ydy cofrestru cynhyrchwyr yn y diwydiant dillad. Dyma ddiwydiant sydd wedi manteisio ar wledydd tlawd ac sy'n gweithio ar gyfer llawer o gwmnïau amlwladol enwog.

Beth ydy gofynion WRAP?

1. Cydymffurfio â deddfau lleol a rheoliadau yn y gweithle.
2. Gwahardd llafur sy'n cael eu gorfodi i weithio.
3. Gwahardd plant dan 14 oed rhag gweithio.
4. Gwahardd camdriniaeth a chosb gorfforol.
5. Iawndal a budd-daliadau cystal â'r lleiafswm cyfreithiol yn y wlad.
6. Oriau gwaith yn cydymffurfio â'r lleiafswm cyfreithiol yn y wlad gydag o leiaf un diwrnod yn rhydd.
7. Gwahardd gwahaniaethu rhwng pobl. Mesur eu gallu i wneud y gwaith yn unig.
8. Sicrhau safonau iechyd a diogelwch. Gwneud yn siŵr bod mannau aros i'r gweithwyr yn addas o ran iechyd a diogelwch.
9. Hawl i drafod cyflogau ac amodau gwaith.
10. Gwneud yn siŵr bod y nwyddau yn cydymffurfio â gofynion tollau.
11. Gwneud yn siŵr bod pob llwyth sy'n cael ei allforio yn rhydd o ffrwydron a drygiau.

Ffigur 18 WRAP

Ewch amdani!

Eich tro chi ydy penderfynu a ydy cwmnïau amlwladol yn dda neu'n ddrwg.

1. Ar gyfer cwmnïau amlwladol, rhestrwch yr agweddau cadarnhaol a'r agweddau negyddol.
2. Yn eich barn chi, ydyn nhw'n ddylanwad er gwell neu er gwaeth yn y byd?

Thema 3 | Pobl, Gwaith a Datblygiad

Beth yw achosion ac effeithiau newid hinsawdd?

Achosion
Newid naturiol
Dydy newid hinsawdd ddim yn rhywbeth newydd. Yn ystod cyfnod o ddwy filiwn o flynyddoedd mae gorllewin Ewrop wedi profi pedair prif Oes Rew. Mae tystiolaeth ffosiliau yn profi bod de Lloegr wedi bod â hinsawdd drofannol rhwng y cyfnodau o iâ.

Pobl
Mae llawer o wyddonwyr yn credu bod y Ddaear yn cynhesu lawer yn gyflymach heddiw nag yn y gorffennol. Gall hyn fod o ganlyniad i weithgareddau pobl sydd wedi datblygu, yn enwedig yn ystod y ddwy neu dair canrif ddiwethaf.

Effeithiau
Wrth i'r byd gynhesu, bydd patrymau symudiad yr aer yn newid. Dydy hi ddim yn wir i ddweud y bydd pobman yn cynhesu. Gallai newidiadau yn hinsawdd y byd effeithio ar ecosystemau a chael effeithiau cymdeithasol ac economaidd sylweddol ar grwpiau gwahanol o bobl.

Ffigur 19 Yr effaith tŷ gwydr

Ewch amdani!

1. Defnyddiwch wybodaeth o Ffigur 19 i ysgrifennu paragraff yn egluro sut mae'r effaith tŷ gwydr yn gweithio.

2. Defnyddiwch benawdau A, B ac C i'ch helpu i egluro pam fod rhai gwyddonwyr yn credu bod gweithgareddau pobl yn cynyddu'r effaith tŷ gwydr?

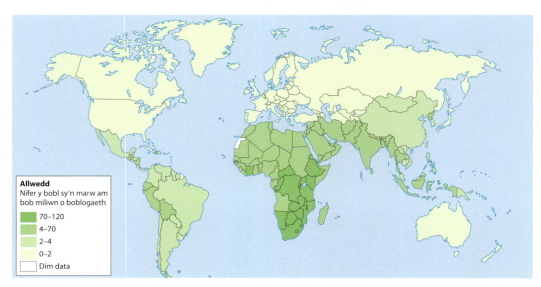

Ffigur 20 Amcangyfrif o'r bobl a fu farw o ganlyniad i newid hinsawdd yn y flwyddyn 2000

Thema 3 | Pobl, Gwaith a Datblygiad

Ewch amdani!

1 Gwnewch ychydig o waith ymchwil gan ddefnyddio'r rhyngrwyd, gwerslyfrau neu eich nodiadau. Labelwch gopi o Ffigur 20 i ddangos prif effeithiau cynhesu byd-eang ar bob un o gyfandiroedd y byd.

2 Ychwanegwch o leiaf ddau label ar gyfer pob cyfandir – peidiwch ag anghofio Antarctica! Defnyddiwch wybodaeth o Ffigur 21 i'ch helpu.

3 Defnyddiwch saethau o liwiau gwahanol i ddangos yr effeithiau cymdeithasol, economaidd ac amgylcheddol.

LLIFOLAU ARHOLIAD

Er bod rhai cwestiynau yn arholiadau'r Haen Sylfaen a'r Haen Uwch yn debyg, gall fod mân wahaniaethau rhyngddyn nhw. Er enghraifft, edrychwch ar y ddau gwestiwn isod:

Haen Uwch

Eglurwch sut gall llywodraethau ac unigolion weithredu i leihau cynhesu byd-eang.

Haen Sylfaen

Eglurwch sut mae pobl yn gallu gweithredu i leihau cynhesu byd-eang.

Fe welwch yn yr Haen Uwch eu bod yn gofyn am ateb mwy cynhwysfawr. Yno, maen nhw'n gofyn i chi drafod dau grŵp gwahanol o bobl i sicrhau'r marciau gorau.

Ceisiwch ateb y cwestiwn sy'n berthnasol i chi. Defnyddiwch y wybodaeth ar dudalennau 77 a 78 i'ch helpu.

Cynhesu byd-eang – y dyfodol

Dydy rhagweld y tywydd ddim yn hawdd. Mae'n anodd dweud yn bendant sut y bydd yr hinsawdd yn newid mewn gwahanol rannau o'r byd. Mae hi'r un mor anodd i ragweld sut y bydd y newidiadau hyn yn yr hinsawdd yn effeithio ar bobl ac amgylcheddau naturiol.

Wrth i wledydd y gogledd gynhesu, mae trychfilod sy'n cludo afiechydon yn symud tua'r gogledd.

Mae disgwyl y bydd mwy o gyfnodau o sychder eithafol mewn rhannau o Affrica ac Ewrop.

Os bydd ardaloedd o feysydd iâ yn diflannu bydd llai o arwynebeddau gwyn ar y ddaear i adlewyrchu gwres yn ôl i'r gofod.

Mae'n bosib y bydd cynnydd yn amlder a chryfder corwyntoedd wrth i dymheredd y moroedd gynyddu.

Bydd y cefnforoedd yn cynnwys llai o halen wrth i'r iâ doddi yn y pegynau.

Cynnydd yn lefel y môr wrth i'r iâ yn y pegynau doddi.

Ffigur 21 Rhai o effeithiau cynnydd yn yr effaith tŷ gwydr

Gwybodaeth fewnol

Byddai'r cwestiwn uchod yn y bocs *LLIFOLAU ARHOLIAD* yn cael ei farcio gan ddefnyddio cynllun marcio 'lefelau ymateb'. Rydych yn gweithio i fyny o Lefel 1 i Lefel 3, gan ddefnyddio canllawiau fel y rhai ar dudalen 53.

- Defnyddiwch y cynllun marcio i'ch helpu i ysgrifennu ateb sy'n targedu'r lefel uchaf.
- Peidiwch ag anghofio bod gennych funud yn unig ar gyfer pob marc.

Thema 3 | Pobl, Gwaith a Datblygiad

Beth yw achosion ac effeithiau newidiadau i'r ecosystem?

Ecosystem ydy system o gysylltiadau rhwng planhigion ac anifeiliaid a'r cynefinoedd maen nhw'n byw ynddyn nhw. Mae'r cynefinoedd hyn yn cynnwys nodweddion fel pridd a hinsawdd. Defnyddir y term biome ar gyfer ecosystem fawr. Mae'r map yn Ffigur 22 yn dangos dosbarthiad un o'r biomau hyn yn y byd.

Ffigur 22 Biome Coedwig Law Drofannol

Mae'r goedwig law drofannol yn ddibynnol ar ailgylchu cyflym o blanhigion marw. Yn hinsawdd coedwig law drofannol mae hon yn broses naturiol. Mae datgoedwigo yn arwain at ddinistrio'r pridd bregus. Mae'r pridd yn cael ei erydu ac mae gobaith adfer y tyfiant yn isel.

LLIFOLAU ARHOLIAD

Disgrifiwch ddosbarthiad coedwigoedd glaw'r byd. [3]

Gwybodaeth fewnol

Wrth ateb y cwestiwn hwn, cofiwch fod angen:
- enwi'r ardaloedd. Yn yr achos yma bydd angen atlas i'ch helpu.
- bod yn bendant. Er enghraifft, pa ran o arfordir India sydd â thyfiant o goedwig law?
- gwneud sylwadau cyffredinol ac ychwanegwch eithriadau. Er enghraifft, ble mae coedwigoedd glaw i'w gweld y tu allan i'r trofannau?

Ffigur 23 Tir wedi'i ddatgoedwigo yn Costa Rica

Thema 3 | Pobl, Gwaith a Datblygiad

Ewch amdani!

1 Gwnewch linfap syml o'r llun yn Ffigur 23. Labelwch y llinfap i ddangos y canlynol:
coedwig law   tir pori garw   llwybrau   ffordd   adeiladau

2 Yn fras, pa ganran o'r goedwig sy'n weddill yn yr ardal a ddangosir yn y llun?

3 Mae tir sy'n agored i wynt a glaw trwm fel hyn yn debygol o ddioddef o erydiad pridd. Cysylltwch y prosesau sy'n cael eu rhestru isod â'r effeithiau cywir yn y rhestr effeithiau.

Prosesau	**Effeithiau**
Mwynau yn y pridd yn cael eu trwytholchi i lawr i'r ddaear	felly mae'r gallu i gludo yn lleihau ac mae llifogydd yn fwy cyson.
Gronynnau pridd yn cael eu golchi i'r afonydd	felly mae'r pridd yn mynd yn llai ffrwythlon.
Dyddodion pridd yn cael eu dyddodi ar wely'r afon	felly mae dŵr yn yr afonydd yn llai clir ac mae cynefinoedd pysgod yn cael eu dinistrio.

LLIFOLAU ARHOLIAD

(a) Cwblhewch gopi o Ffigur 24 i ddangos bod y peithon yn bwyta ystlum ffrwythau. [1]

(b) Rhowch we fwyd sydd â thair rhan iddi. [2]

(c) Eglurwch beth allai ddigwydd pe bai mwncïod yn cael eu hepgor o'r we fwyd. [4]

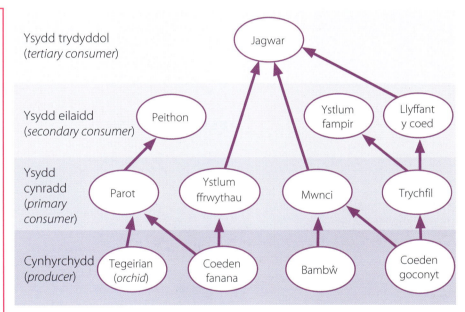

Ffigur 24 Gwe fwyd mewn coedwig law drofannol

Gwybodaeth fewnol

- Yn rhan (a) gwnewch yn siŵr fod y saeth yn pwyntio at yr ysydd.
- Yn rhan (b) bydd angen i chi restru mewn trefn un cynhyrchydd, un ysydd cynradd ac un ysydd eilaidd. Cysylltwch nhw gyda saethau.
- Yn rhan (c) mae'r arholwr yn edrych am ddilyniant o effeithiau, gyda phob un ohonyn nhw yn ganlyniad i'r un blaenorol. Cysylltwch nhw â'i gilydd fel cyfres o ddatganiadau 'felly beth?'.

Sut mae modd rheoli ecosystemau yn gynaliadwy?

Wrth ddarllen y tudalennau blaenorol mae'n siŵr ei bod wedi dod yn amlwg i chi bod effeithiau negyddol pan fydd pobl yn ymyrryd ag ecosystem. Mae'r effeithiau hyn yn gallu bod yn fwriadol, fel yn achos dinistrio'r goedwig law. Maen nhw hefyd yn gallu bod yn anfwriadol fel yn achos y diffeithdiro sy'n digwydd ar ffin ddeheuol Diffeithwch y Sahara. Mae hyn yn rhannol o ganlyniad i newid hinsawdd.

Fel rydym wedi ei weld eisoes mae'r dinistr yn gallu bod ar raddfa eang neu a'r raddfa fechan fel dympio gwastraff mewn llyn lleol.

Beth ydy ystyr 'cynaliadwyedd'?

Yn syml, mae'n golygu defnyddio adnoddau ac amgylcheddau mewn ffyrdd sy'n caniatáu iddyn nhw barhau i gael eu defnyddio yn y dyfodol. Hynny yw, peidio â'u dinistrio er mwyn mantais tymor byr. Dydy datblygiad cynaliadwy ddim wedi'i gyfyngu i amgylcheddau naturiol. Mae'r un mor berthnasol i ardaloedd trefol a datblygiad economaidd.

LLIFOLAU ARHOLIAD

Astudiwch y map yn Ffigur 25. Mae'n dangos rhan o Ganolbarth America.
(a) Disgrifiwch ddosbarthiad y gwarchodfeydd sy'n bodoli eisoes yma. [3]
(b) Eglurwch sut bydd y coridorau bywyd gwyllt o gymorth i gynyddu bioamrywiaeth y gwarchodfeydd. [4]

Gwybodaeth fewnol

Mae'r rhain yn ddau gwestiwn ar wahân. Fyddwch chi **ddim yn ennill marciau ychwanegol** am unrhyw eglurhad a roddwch yn rhan (a). Mae'r cwestiwn yn gofyn i chi 'ddisgrifio' yn unig. Felly, peidiwch â disgrifio hyd nes y byddwch yn ateb rhan (b).

Parciau Cenedlaethol: Pwrpas yr ardaloedd hyn ydy amddiffyn y coedwigoedd a gwneud yn siŵr bod gweithgareddau sy'n dinistrio'r amgylchedd yn dod i ben.

Coridorau bywyd gwyllt: Mae'r rhain yn cael eu sefydlu drwy blannu coed. Mae hyn yn sicrhau bod anifeiliaid yn gallu mudo o un ardal goediog i ardal goediog arall.

Gwarchodfeydd meddygol: Mae cwmnïau fferyllol yn prynu ardaloedd eang o'r goedwig i'w hatal nhw rhag cael eu dinistrio. Maen nhw'n defnyddio'r coedwigoedd i chwilio am feddyginiaethau ar gyfer afiechydon sy'n effeithio ar bobl.

Gwarchodfeydd Biosffer: Mae'r rhain yn debyg iawn i Barciau Cenedlaethol. Mae mwy a mwy o weithgareddau dynol yn cael eu caniatáu po bellaf y byddwch yn teithio o'r brif ardal o goedwig law drofannol. Er enghraifft:

coedwig law drofannol → hela a chasglu yn cael eu caniatáu → ffermio a chasglu coed yn cael eu caniatáu → codi anheddau yn cael ei ganiatáu → coedwig heb ei hamddiffyn

Ffigur 25 Achub y coedwigoedd glaw?

Thema 3 | Pobl, Gwaith a Datblygiad

Datblygu ecosystem yn gynaliadwy: coedwig law drofannol

Mae coedwig law drofannol yn ecosystem allweddol. Mae coedwigoedd glaw trofannol yn amsugno carbon deuocsid – y coedwigoedd yma ydy 'ysgyfaint y blaned'. Mae ardaloedd mawr o goedwig hefyd yn gallu effeithio ar yr hinsawdd. Mae'n synhwyrol felly ein bod yn rheoli ecosystem y coedwigoedd hyn yn ofalus.

Ewch amdani!

Edrychwch eto ar dudalennau 73 a 74. Maen nhw'n dangos sawl ffordd wahanol mae coedwigoedd glaw yn cael eu defnyddio. Mae rhai ohonyn nhw'n gynaliadwy ac mae eraill yn anghynaliadwy.

1. Lluniwch ddwy restr: un ar gyfer defnydd cynaliadwy o'r coedwigoedd glaw a'r llall ar gyfer defnydd sy'n anghynaliadwy.
2. Os ydych chi'n dymuno gallwch wneud hyn hefyd ar gyfer ecosystem arall rydych chi wedi'i hastudio.

Astudiaeth Achos – y wybodaeth

Dewiswch un o'r cwestiynau Astudiaeth Achos hyn i'w cwblhau:

Haen Sylfaen

Ar gyfer ecosystem rydych chi wedi'i hastudio:
- Enwch a nodwch leoliad yr ecosystem.
- Disgrifiwch sut mae'n cael ei defnyddio gan bobl.
- Eglurwch sut mae'r ffyrdd hyn o'i defnyddio yn effeithio ar yr amgylchedd.

Haen Uwch

Ar gyfer ecosystem rydych chi wedi'i hastudio:
- Enwch a nodwch leoliad yr ecosystem.
- Disgrifiwch sut mae'n cael ei defnyddio gan bobl.
- Eglurwch sut mae'r ffyrdd hyn o'i defnyddio yn effeithio ar bobl a'r amgylchedd.

Ewch amdani!

Ar gyfer ecosystem y goedwig law drofannol neu ecosystem wahanol rydych chi wedi'i hastudio dilynwch y camau ymholiad hyn. Ceisiwch ddod o hyd i bobl go iawn wedi'u henwi yn hytrach na bod yn rhy gyffredinol.

1. Pa bobl sy'n teimlo y dylai fod rheolaeth *ysgafnach* ar ddefnyddio'r ecosystem? Pam maen nhw'n teimlo fel hyn?
2. Pa bobl sy'n teimlo y dylai bod rheolaeth fwy *tynn* ar ddefnyddio'r ecosystem? Pam maen nhw'n teimlo fel hyn?
3. Beth ydy eich barn chi am y mater hwn? Pam ydych chi'n teimlo fel hyn?

Gwybodaeth fewnol

- Darllenwch y cwestiwn yn ofalus iawn. Efallai y byddai'n syniad da tanlinellu termau sy'n gofyn i chi wneud rhywbeth neu eiriau rydych chi'n eu hystyried yn bwysig.
- Mae'r amser sydd ar gael i ateb y cwestiwn hwn yn brin. Ceisiwch beidio â chymryd mwy na 5-6 munud ar gyfer ateb yr Haen Sylfaen neu 8-9 munud ar gyfer yr Haen Uwch.
- Marciwch eich gwaith gorffenedig gan ddefnyddio'r cynllun marcio perthnasol ar dudalen 31 yn y llyfr hwn.

Thema 3 | Pobl, Gwaith a Datblygiad

Diwydiant gweithgynhyrchu: y pris amgylcheddol

Adegau gwahanol, lleoedd gwahanol

Ar ddiwedd y ddeunawfed ganrif a dechrau'r bedwaredd ganrif a'r bymtheg fe gafwyd chwyldro diwydiannol cyntaf y byd yn y Deyrnas Unedig. Am y tro cyntaf, roedd pobl yn gallu masgynhyrchu nwyddau traul a pheiriannau ar gyfer helpu ffermio a gweithgareddau eraill. Gwelwyd datblygu'r diwydiant glo a phobl yn symud o'r wlad i fyw mewn ardaloedd trefol. Glo oedd y brif ffynhonnell bŵer.

Ers hynny, mae llawer o rannau eraill o'r byd wedi'u diwydianeiddio. Mae'r gwledydd sy'n cael eu diwydianeiddio ar hyn o bryd yn cael eu galw yn Wledydd Newydd eu Diwydianeiddio. China ydy'r mwyaf o'r gwledydd hyn.

Effeithiau dynol lleol

Mae diwydiant yn gyfrifol am greu tirwedd sydd wedi'i hagru o ganlyniad i gloddio am fwynau a glo. Mae hen ffatrïoedd yn aml hefyd yn cael eu gadael i hagru'r amgylchedd. Dydy'r ymgais i adfer y dirwedd ddim yn llwyddiannus bob tro. Ym mis Gorffennaf 2009, er enghraifft, cafodd pobl iawndal ar ôl ymdrechion i glirio safle hen waith dur Corby wedi i'r gwaith gau yn 1981. Effeithiwyd ar y gwragedd gan wastraff gwenwynig ac o ganlyniad cafodd plant eu geni â nam.

Ffigur 26 Llygredd yn Sheffield yn y bedwaredd ganrif a'r bymtheg

Ffigur 27 Llygredd yn Beijing, China yn yr unfed ganrif ar hugain

Ewch amdani!

1. Edrychwch ar Ffigurau 26 a 27.
2. Gwnewch restr o'r ffyrdd mae llygredd fel hyn yn gallu effeithio ar fywydau pobl leol. Eglurwch bob effaith gyda datganiad 'felly beth?'.

Effeithiau amgylcheddol ehangach

Mae llosgi tanwydd ffosil i gynhyrchu pŵer yn creu problemau sy'n effeithio ar amgylcheddau naturiol ac adeiledig yn ogystal ag ar bobl. Mae hyn yr un mor wir yn China ag ydy hi yn y DU. Mae'r effeithiau hyn yn debygol o fod nid yn unig yn lleol ond hefyd yn genedlaethol, er enghraifft difrod i'r amgylchedd o ganlyniad i law asid.

Ffigur 28 Glaw asid

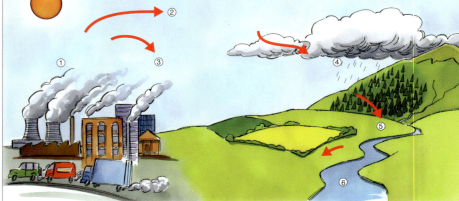

Thema 3 | Pobl, Gwaith a Datblygiad

Ewch amdani!

Cwblhewch gopi o'r tabl isod sy'n dangos achosion ac effeithiau amgylcheddol glaw asid. Gosodwch y rhif cywir o Ffigur 28 yn y golofn dde isod:

Datganiad	Safle yn Ffigur 28
Gronynnau bras yn disgyn dros y ddinas – mae hyn yn hindreulio gwaith carreg yr adeiladau.	
Mae llif trwodd o asid yn golchi alwminiwm i mewn i'r afonydd a'r llynnoedd gan dagu tegyll (*gills*) y pysgod ac ymyrryd ar y broses fagu i bysgod a brogaod.	
Nwyon yn cael eu creu drwy losgi sylffwr, nitrogen a charbon sy'n cael eu creu mewn gorsafoedd trydan, ffatrïoedd a cherbydau.	
Mae glaw asid yn symud drwy'r pridd gan gael gwared â maetholion ac ychwanegu alwminiwm. Mae hyn yn lladd coed a phlanhigion eraill.	
Mae'r prif nwyon a gynhyrchir yn hydawdd. Maen nhw'n hydoddi ac yn teithio'n bell cyn disgyn fel glaw asid.	
Mae glaw asid yn dinistrio dail cnydau gan effeithio ar dwf y planhigion a lleihau'r cynnyrch.	

Yr effaith tŷ gwydr – pwnc llosg gwleidyddol

Pan oedd ysgolion yn cau ar gyfer eu gwyliau Nadolig yn Rhagfyr 2009 roedd gwleidyddion y byd yn gadael Copenhagen wedi iddyn nhw fethu dod i gytundeb cyfreithiol rwym (*legally binding agreement*) i leihau allyriadau nwyon tŷ gwydr mewn cynhadledd ar 'newid hinsawdd'. Yn gynharach yn y flwyddyn, roedd grŵp o wyddonwyr Prydeinig wedi cael eu cyhuddo o 'guddio' tystiolaeth oedd yn awgrymu bod gweithgareddau pobl yn llai pwysig yn y broses o newid hinsawdd nag oedd wedi'i gredu cyn hynny.

Mae'r mater hwn yn un anodd a dyrys. Mae'r amrywiaeth barn isod yn tanlinellu pa mor anodd ydy hi i gael cytundeb.

Gwledydd mwyaf cyfoethog
'Rydyn ni wedi cytuno i leihau allyriadau nwyon tŷ gwydr 80% erbyn 2050, felly pam nad ydy'r gwledydd tlotach yn gallu cytuno i ostyngiad o 50%?'

'Bydd angen i ni fonitro allyriadau pob gwlad er mwyn gwneud yn siŵr eu bod yn cadw o fewn y terfynau y cytunwyd arnyn nhw.'

Gwledydd mwyaf tlawd
'Mae ein poblogaeth yn dal i gynyddu ac mae angen i ni ddatblygu ein diwydiannau. Mae'r gwledydd cyfoethog wedi gwneud hyn eisoes felly pam na ddylem ninnau?'

'Dydyn ni ddim yn ymddiried yn y gwledydd cyfoethog. Bydd monitro allyriadau yn rhoi cyfle iddyn nhw gasglu gwybodaeth werthfawr am ein diwydiannau ni.'

Ewch amdani!

Mae'r newyddion am gynhesu byd-eang yn newid yn gyson. Defnyddiwch y rhyngrwyd ac adroddiadau ar y radio a'r teledu ac yn y papurau newydd i gasglu'r wybodaeth ddiweddaraf.

LLIFOLAU ARHOLIAD

Astudiwch y wybodaeth am yr effaith tŷ gwydr.
(a) Rhestrwch ddau reswm pam fod y cenhedloedd mwyaf cyfoethog a'r rhai tlotaf yn ei chael hi'n anodd cytuno ar sut y dylid ymdrin â chynhesu byd-eang. [2]
(b) Gyda pha un o'r ddau grŵp rydych chi'n cytuno? Eglurwch eich rhesymau. [5]

Thema 3 | Pobl, Gwaith a Datblygiad

Beth allwn ni ei wneud?

Mae llywodraethau wedi cytuno mewn egwyddor i leihau allyriadau nwyon tŷ gwydr. Ond mae'n ymddangos na fydd llawer o'r targedau hyn yn cael eu cyrraedd. Sut mae unigolion yn gallu helpu?

Dyma ddeg strategaeth mae teuluoedd yn gallu eu mabwysiadu i helpu llywodraethau i gyrraedd eu targedau:

- Prynu cynnyrch lleol.
- Defnyddio offer trydanol sy'n defnyddio egni yn effeithiol.
- Prynu trydan gan gwmnïau sy'n cynhyrchu trydan adnewyddadwy.
- Lleihau faint o wres sy'n cael ei golli o'r tŷ.
- Prynu nwyddau sy'n para.
- Llenwi'r oergell fel ei bod yn llawn.
- Cerdded neu feicio yn amlach.
- Bwyta llai o gig.
- Defnyddio cludiant cyhoeddus.

Ewch amdani!

1. Eglurwch sut bydd pob un o'r strategaethau teuluol uchod yn:
   - helpu'r llywodraeth i gyrraedd ei thargedau allyriadau
   - fanteisiol i'ch teulu chi.
2. Ydych chi wedi bod yn cyfrif? Rydych chi'n iawn - dim ond naw strategaeth sydd yma. Ychwanegwch un strategaeth arall ac eglurwch ei manteision i'ch teulu ac i ymdrechion y llywodraeth i gyrraedd ei tharged.

Cynaliadwyedd: cymdeithasol, economaidd ac amgylcheddol

> 'Datblygiad cynaliadwy ydy datblygiad sy'n cwrdd ag anghenion y presennol heb effeithio ar allu cenedlaethau yn y dyfodol i gwrdd â'u hanghenion nhw.'
>
> **Ardroddiad Brundtland, 1987**

Pwy sy'n penderfynu?

Trwy gydol y llyfr hwn mae cyfeiriadau wedi bod at y cysyniad cynaliadwyedd. Mae pobl yn disgrifio cynaliadwyedd mewn gwahanol ffyrdd. Mae'r diffiniad uchod gan Brundtland yn ddiffiniad sy'n cael ei dderbyn yn gyffredinol. Ond, mae hyd yn oed y diffiniad hwn yn codi mwy o gwestiynau nag sy'n cael eu hateb. Er enghraifft:

- Beth ydy anghenion y presennol? Ydy 'anghenion' cymdeithas fodern, fel y gallu i deithio mewn car neu i ddefnyddio ffôn symudol, yn wir angenrheidiol?
- Beth ydy anghenion tebygol cenedlaethau yn y dyfodol? Sut ydyn ni'n gwybod?

Fel daearyddwyr, rydym yn tueddu i rannu cynaliadwyedd yn nifer o feysydd gwahanol:

- **Amgylcheddau naturiol cynaliadwy.** Er enghraifft, gwneud yn siŵr bod coedwigoedd glaw yn parhau i'r dyfodol.
- **Amgylcheddau adeiledig cynaliadwy.** Er enghraifft, gwneud yn siŵr bod tai a gwasanaethau ar gael i gwrdd â'r newidiadau yng ngofynion pobl sy'n eu defnyddio.
- **Economïau cynaliadwy.** Er enghraifft, gwneud yn siŵr bod pobl o oedran gweithio yn cael gwaith i greu digon o incwm i gwrdd ag anghenion pobl nad ydynt yn gweithio yn y dyfodol.

Mae pobl yn dibynnu ar yr amgylchedd naturiol. Mae'n amlwg felly bod cwrdd ag anghenion cymdeithasol ac economaidd y presennol a'r dyfodol yn dibynnu ar gwrdd ag anghenion yr amgylchedd yn gyntaf.

Thema 3 | Pobl, Gwaith a Datblygiad

Pa mor gynaliadwy ydy gweithgareddau cynaliadwy?

Ailddefnyddio bagiau wrth siopa

Ailgynhesu a bwyta pryd sy'n weddill o ddoe

Osgoi prynu dodrefn sy'n defnyddio coed caled o'r trofannau

Bwyta cynnyrch lleol yn unig

Cymryd gwyliau yn y DU

Talu mwy o dreth am danwydd

Prynu car gydag allyriadau isel

Ffigur 29 Rhai dewisiadau cynaliadwy

Ewch amdani!

1 Edrychwch ar y datganiadau yn Ffigur 29. Gosodwch nhw mewn llinell, fel yr un sy'n cael ei dangos isod, yn ôl pa mor gynaliadwy ydy pob gweithgaredd yn eich barn chi.

Lleiaf cynaliadwy ⟶ Mwyaf cynaliadwy

2 Ychwanegwch ddwy strategaeth arall at eich llinell:
- un sy'n cael ei defnyddio'n gyffredin ac sydd yn eich barn chi yn llai cynaliadwy nag unrhyw un o'r strategaethau yn Ffigur 29.
- un sy'n cael ei defnyddio'n gyffredin ac sydd yn eich barn chi yn fwy cynaliadwy nag unrhyw un o'r strategaethau yn Ffigur 29.

3 Gofynnwch i ffrind neu aelod o'ch teulu roi cynnig ar yr un ymarfer. Cymharwch a thrafodwch y gwahaniaethau sydd gennych.

Datrys Problemau

Math gwahanol o arholiad

Yn swyddogol, mae'r arholiad hwn yn rhan o 'Uned Dau'. Efallai mai'r arholiad hwn fydd eich arholiad TGAU Daearyddiaeth olaf – ond efallai na fydd!

Yn y cyflwyniad i'r llyfr hwn esbonnir bod gennych nifer o ddewisiadau ynglŷn â phryd gallwch chi sefyll y ddau arholiad.

Os nad ydych wedi darllen y cyflwyniad eto, mae'n werth gwneud hynny. Mae'n cynnwys gwybodaeth bwysig iawn a fydd yn eich helpu i gael y gorau o'r llyfr hwn ... ac o'r arholiadau.

Beth bynnag, pwrpas y bennod hon ydy ... datrys problemau.

Datrys problemau – profiad arbennig

Mae nifer o nodweddion i'r papur datrys problemau. Bydd rhai o'r nodweddion yn debyg i nodweddion y papur arholiad arall, ond bydd rhai yn hollol arbennig i ddatrys problemau.

Nodweddion y ddau arholiad

1 Defnyddir adnoddau fel man cychwyn ar gyfer pob rhan o'r arholiad. Bydd gofyn i chi ddarllen neu gwblhau adnodd arbennig cyn ateb cwestiynau sydd wedi eu cynllunio i'ch helpu i gyflwyno eich gwybodaeth a'ch dealltwriaeth.

2 Mae'r arholiad wedi ei gynllunio mewn camau. Wrth i bob adnodd newydd gael ei gyflwyno, mae lefel yr anhawster yn gostwng. Bwriad hyn yw eich helpu i weithio'ch ffordd trwy'r arholiad a dylai hyn gynyddu eich hyder. Mae'r graff isod yn dangos cynllun cwestiwn arholiad a sut mae'r lefel yn mynd yn anoddach.

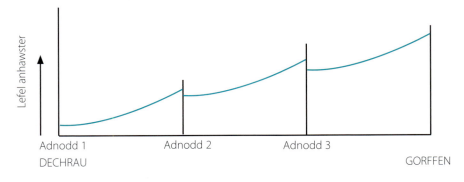

Ewch amdani!

'A ddylai argae gael ei adeiladu ar afon yn Uganda yn nwyrain Affrica?'

Mae'r cwestiwn hwn sy'n gofyn i chi ddatrys problemau yn cyfuno rhai o brif feysydd daearyddiaeth sef:

- prosesau erydiad afon (ffisegol)
- effeithiau pobl yn ymyrryd ag afon (ffisegol)
- yr angen am ddŵr a thrydan mewn gwlad dlawd (dynol).

(a) Cwblhewch ddatganiad tebyg ar gyfer y ddau gwestiwn arall sydd mewn bocsys ar dudalen 81.

(b) Trafodwch gyda ffrind y prif feysydd daearyddol rydych chi wedi penderfynu arnyn nhw.

Nodweddion sy'n arbennig i ddatrys problemau

1 Mae'r arholwyr am wybod sut byddech chi'n datrys problem ddaearyddol. Bydd y papur arholiad hwn yn gofyn cyfres o gwestiynau i chi, gan orffen gyda chyfle i chi ddweud eich barn ac esbonio pam.

Manteisiwch ar y cyfle hwn; dydy oedolion ddim yn gofyn am farn pobl ifanc fel chi yn ddigon aml.

2 Mae'r papur datrys problemau wedi ei baratoi er mwyn profi eich gwybodaeth a'ch dealltwriaeth o fater sy'n delio ag agweddau ar ddaearyddiaeth ddynol a ffisegol. Mae materion sydd wedi codi yn y gorffennol yn cynnwys:

A ddylai argae gael ei adeiladu ar afon yn Uganda yn nwyrain Affrica?

A ddylai rhan o arfordir Swydd Efrog gael ei hamddiffyn rhag erydiad?

Beth ydy'r ffordd orau o ddatblygu coedwig law Madagascar yn y dyfodol?

Mynd ati i ddatrys problemau

Bydd y tudalennau nesaf yn eich helpu trwy'r holl broses o ddatrys problemau. Mae dwy set o gwestiynau sef y rhai ar gyfer yr Haen Sylfaen a'r rhai ar gyfer yr Haen Uwch. Bydd edrych ar y ddwy set o gwestiynau yn eich helpu i benderfynu pa Haen sydd orau i chi.

Efallai y byddwch wedi gweld llawer o gwestiynau'r Haen Sylfaen a'r Haen Uwch yn eich dosbarth. Os nad ydych, efallai ei fod yn syniad da i chi geisio ateb y ddau bapur cyn penderfynu pa lefel o arholiad i'w sefyll. Ydy'r Haen Uwch yn heriol neu'n rhy anodd? Ydy'r Haen Sylfaen yn addas neu'n rhy hawdd?

Mae'r papur arholiad isod yn edrych ar bentref cymudol ger Nottingham a'r problemau sy'n ei wynebu oherwydd llifogydd. Mae'n archwilio'r gwahanol ddewisiadau sydd ar gael i atal llifogydd. Mae hefyd yn gofyn pa ddull ddylai gael ei ddefnyddio i ddiogelu'r pentref yn y dyfodol.

		Marciau	
		Sylfaen	Uwch
Rhan A	Mae'n edrych ar bentref cymudol ger Nottingham a'r problemau sy'n ei wynebu oherwydd llifogydd.	28	25
Rhan B	Mae'n archwilio'r gwahanol ddewisiadau sydd ar gael i i atal llifogydd.	21	21
Rhan C	Mae'n gofyn i chi benderfynu pa ddull ddylai gael ei ddefnyddio i ddiogelu'r pentref yn y dyfodol.	11	14
	Cyfanswm marciau	**60**	**60**

Datrys Problemau | Haen Sylfaen

Haen Sylfaen – Rhan A

Mae'r rhan hon yn edrych ar bentref cymudol ger Nottingham a'r problemau sy'n ei wynebu oherwydd llifogydd.

Dylech chi dreulio tua 30 munud ar y rhan hon.

(a) Astudiwch Map 1 yn y Ffolder Adnoddau (tudalen 95).

  (i) Cwblhewch y darn isod drwy roi cylch o gwmpas yr atebion cywir. [3]

  Mae tarddle Afon Trent yn **Birmingham/Stoke-on-Trent/Ardal y Peak**. Rhwng Stoke a Nottingham mae sawl afon yn ymuno â hi gan gynnwys Dove, Derwent a **Humber/Caerlŷr/Soar**. Ar ôl Nottingham, mae'n llifo i'r **de/gogledd/gorllewin** tuag at Fôr y Gogledd.

  (ii) Beth ydy ystyr 'aber' afon? [1]

  Aber afon ydy _____

  (iii) Cwblhewch y darn isod i ddisgrifio lleoliad pentref Attenborough. [2]

  Mae Attenborough wedi'i leoli _____ km i gyfeiriad y

  _____ o Nottingham.

(b) Astudiwch y darn o'r Map Ordnans sydd y tu mewn i'r clawr cefn ac sy'n dangos pentref Attenborough. Mae Attenborough yn anheddiad gymudo i Nottingham.

  (i) Beth ydy anheddiad gymudo? [1]

  _____

  (ii) Defnyddiwch dystiolaeth o'r map i awgrymu ac esbonio dau reswm pam fod Attenborough yn anheddiad gymudo. [4]

  Rheswm 1: _____
  Esboniad: _____
  _____

  Rheswm 2: _____
  Esboniad: _____
  _____

(c) (i) Cwblhewch yr hydrograff llifogydd isod gan ddefnyddio'r ffigurau canlynol. [2]

  Glawiad ar ddiwrnod 10 oedd 10 mm.

  Arllwysiad ar ddiwrnod 10 oedd 500 cumec.

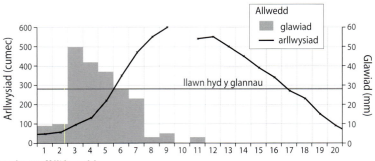

Hydrograff llifogydd

Gwybodaeth fewnol
- Ym mhob achos rhowch gylch o gwmpas un dewis yn unig.
- Hefyd, rhowch gynnig ar *bob* dewis.

Gwybodaeth fewnol
- Mesurwch y pellter mor fanwl ag y gallwch. Mae ambell gamgymeriad yn anorfod – ond ceisiwch ei osgoi!

Gwybodaeth fewnol
- Nid oes llawer o gliwiau ar gael yma. Ceisiwch feddwl pam gallai Attenborough fod yn lle dymunol i fyw a pha mor hawdd ydy hi i deithio i Nottingham.

Gwybodaeth fewnol
- Mae bod yn gywir yn hanfodol bwysig i'r cwestiwn hwn.
- Defnyddiwch y wybodaeth sydd ar yr ymylon yn ofalus.

Datrys Problemau | Haen Sylfaen

(ii) Defnyddiwch wybodaeth o'r hydrograff i gwblhau'r darn isod. Dewiswch eiriau o'r bocs. [3]

'Daeth yr arllwysiad mwyaf _____ diwrnod ar ôl y glawiad mwyaf.

Gwnaeth y cyfnod pryd roedd yr afon mewn llif bara am _____ diwrnod.

Roedd mwy o gynnydd nac o leihad yn yr arllwysiad.'

| chwe | serth | saith | bas | un deg un | hafal |

Gwybodaeth fewnol
- Cofiwch: mae'r cyfnod o lifogydd yn dechrau pan fydd yr arllwysiad yn cyrraedd pwynt gorlifo ei glannau.

(iii) Cwblhewch yr achosion a'r effeithiau canlynol i helpu i esbonio pam fod llifogydd yn digwydd. Mae'r cyntaf wedi ei wneud i chi. [3]

eira'r gwanwyn yn toddi — dŵr yn llifo'n gyflym i'r afonydd trwy'r draeniau

lefel trwythiad uchel — ychwanegu at y dŵr sy'n dod trwy lawiad

torri coedwigoedd — llai o ymdreiddio a mwy o ddŵr yn llifo ar yr wyneb

mwy o ardaloedd trefol — llai o drydarthiad a rhyng-gipiad

Gwybodaeth fewnol
- Efallai ei bod yn well defnyddio pensil ar gyfer hyn. Fel arall gallech greu llanast os byddwch chi'n gwneud camgymeriad ac yn dymuno newid eich meddwl.

(ch) Astudiwch y darn isod a ysgrifennwyd gan berson a ddioddefodd o lifogydd Attenborough yn mis Tachwedd 2000.

'Roedd y tŷ yn dawel - dim teledu y noson honno - roedden ni'n ceisio symud ein holl eiddo mor gyflym ag y gallen ni i fyny'r grisiau. Gosodwyd y teledu ar fwrdd y gegin - roedd yn well colli'r bwrdd na cholli'r teledu! Fe wnaethon ni gario'r recordiau, CD's, lluniau a phethau na fyddem byth yn gallu eu cael yn ôl i fyny'r grisiau. Rhoddwyd blociau llawr oedd dros ben gennym mewn bagiau er mwyn codi'r dodrefn oddi ar y llawr. Mae'n swnio'n ddibwrpas erbyn hyn ein bod yn rhoi'r blociau mewn bagiau – ond ar y pryd doedden ni ddim am ddifetha'r carped!'

(i) Rhestrwch ddau ddull y gwnaeth y bobl eu defnyddio i arbed eu heiddo. [2]

Un dull: _____

Dull arall: _____

Gwybodaeth fewnol
- Defnyddiwch wybodaeth o'r darn yn unig.

(ii) Esboniwch effeithiau'r llifogydd ar ansawdd bywyd y bobl oedd yn byw yn y tŷ. [3]

_____

_____

(iii) Awgrymwch ac esboniwch un o effeithiau llifogydd mis Tachwedd 2000 ar yr amgylchedd naturiol ac un o'r effeithiau ar gludiant yn yr ardal. [4]

Effaith ar yr amgylchedd naturiol _____

_____

Esboniad _____

_____

Effaith ar gludiant _____

_____

Esboniad _____

_____

Gwybodaeth fewnol
- Meddyliwch am yr ardal rydych chi wedi ei hastudio ac effeithiau'r llifogydd hynny.
- Defnyddiwch y wybodaeth honno a'r Map Ordnans i'ch helpu i ateb y cwestiwn.

[Cyfanswm marciau: 28]

Datrys Problemau | Haen Sylfaen

Rhan B

Mae'r rhan hon yn edrych ar wahanol ddewisiadau sydd ar gael i atal llifogydd.

Dylech dreulio tua 25 munud ar y rhan hon.

(a) Astudiwch y Map Ordnans sydd y tu mewn i'r clawr cefn.

    (i) Rhowch ddwy o nodweddion o'r dull atal llifogydd Dewis 1. [2]

        Nodwedd 1: _____

        _____

        Nodwedd 2: _____

        _____

    (ii) Rhowch un ffordd mae Dewis 2 yn wahanol i Ddewis 1. [1]

        _____

    (iii) Awgrymwch un fantais ac un anfantais Dewis 1 i bobl sy'n byw yng nghyfeirnod grid 520343. Esboniwch sut bydd pob un yn effeithio ar fywydau'r bobl. [4]

        Mantais: _____

        _____

        Effaith ar fywydau'r bobl: _____

        _____

        Anfantais: _____

        _____

        Effaith ar fywydau'r bobl:_____

(b) Astudiwch Ffotograff 1 yn y Ffolder Adnoddau (tudalen 95) a'r Map Ordnans y tu mewn i'r clawr cefn.

    (i) Rhowch gyfeirnod grid pedwar-ffigur ar gyfer Clwb Criced Attenborough. [1]

        Cyfeirnod grid: _____

    (ii) Awgrymwch pam gallai aelodau Clwb Criced Attenborough ffafrio dull atal llifogydd Dewis 2. [2]

        _____

        _____

        _____

    (iii) Enwch grŵp o bobl a fyddai efallai yn anghytuno â Dewis 2. Esboniwch pam y byddan nhw o bosibl yn anghytuno. [4]

        Enw'r grŵp: _____

        Pam y byddan nhw o bosibl yn anghytuno â Dewis 2: _____

        _____

        _____

        _____

Gwybodaeth fewnol
- Bydd defnyddio cyfeirnodau grid a nodweddion wedi'u henwi yn eich helpu i ennill marciau llawn.

Gwybodaeth fewnol
- Dylai pob mantais fod yn ddatganiad syml, a dylai'r effaith ar y bobl fod yn ddatganiad 'felly beth?'.

Gwybodaeth fewnol
- Meddyliwch am weithgaredd arall a all ddigwydd yn agos at yr afon ac y gallai adeiladu'r wal aflonyddu arno.

Datrys Problemaug | Haen Sylfaen

(c) Astudiwch Ffotograff 2 yn y Ffolder Adnoddau (tudalen 96).

    (i) Disgrifiwch sut mae Carsington Water yn cael ei ddefnyddio i storio dŵr. [1]

    (ii) Esboniwch sut mae Carsington Water yn gallu helpu i atal llifogydd ar hyd afon Trent. [2]

    (iii) Defnyddiwch dystiolaeth ffotograffig i esbonio sut mae Carsington Water yn gallu helpu i wella ansawdd bywyd pobl sy'n byw mewn ardaloedd trefol gerllaw. [4]

[Cyfanswm marciau: 21]

Gwybodaeth fewnol
- Beth mae'r capsiynau o amgylch y lluniau yn ei ddweud wrthych?

Gwybodaeth fewnol
- Bydd y cwestiwn hwn yn cael ei farcio gan ddefnyddio cynllun lefelau fel sydd ar dudalen 59.
- Er mwyn ennill marciau da, rhaid i chi ddyfynnu tystiolaeth benodol o'r llun.

Rhan C

Mae'r rhan hon yn gofyn i chi benderfynu pa ddull ddylai gael ei ddefnyddio i ddiogelu'r pentref yn y dyfodol.

Dylech dreulio tua 35 munud ar y rhan hon.

Gofynnir i chi ddweud pa gynllun amddiffyn rhag llifogydd ddylai gael ei ddatblygu er mwyn gwarchod Attenborough: **Dewis Lleol 1, Dewis Lleol 2 neu gronfa ddŵr newydd yn y dalgylch afon**.

Defnyddiwch y Ffeil Ffeithiau yn y Ffolder Adnoddau (tudalen 96) i gwblhau'r matrics canlynol, a fydd yn eich helpu i drefnu eich syniadau. Mae rhyweint o'r tabl wedi cael ei gwblhau i chi.

Dylech dreulio tua 15 munud yn cwblhau'r matrics.

Defnyddiwch y wybodaeth yn y matrics ar dudalen 86 i'ch helpu i ysgrifennu llythyr yn esbonio sut y byddech chi'n mynd ati i amddiffyn Attenborough rhag llifogydd. Gallwch hefyd ddefnyddio gwybodaeth o rannau eraill o'r papur hwn yn ogystal â'ch syniadau chi.

Dylech roi cyngor ar ba ddewis ddylai gael ei ddatblygu.

Esboniwch pam fod eich dewis chi yn well na'r *ddau* ddewis arall.

Ysgrifennaf atoch i roi cyngor ar ddatblygiad **Dewis Lleol 1, Dewis Lleol 2, cronfa ddŵr newydd**. (Rhowch gylch o amgylch eich gweithgaredd economaidd dewisol.)

Rwyf wedi gwneud y dewis hwn oherwydd _____

Gwybodaeth fewnol
- Mae gennych tua thudalen a hanner o bapur i ysgrifennu eich llythyr. Ni fydd angen mwy na hyn arnoch, ac yn fwy na thebyg fyddwch chi ddim yn ei ddefnyddio i gyd.

Datrys Problemau | Haen Sylfaen

Dewis	Ffaith	Derbyn (D) neu Gwrthod (G) y dewis a pham		
Dewis Lleol 1	Bydd y wal yn cael ei thirlunio er mwyn edrych yn naturiol.	(D) Bydd yn edrych yn ddymunol ar gyfer y bobl leol, felly byddan nhw'n hapus i barhau i fyw yno.		
Dewis Lleol 2				
Cronfa ddŵr newydd				

Gwybodaeth fewnol

Cwblhau'r matrics
- Mae'r matrics yn bwysig iawn i'ch llwyddiant yn datrys problemau.
- Ei brif bwrpas ydy eich helpu i drefnu eich syniadau. Bydd hyn yn eich helpu i ysgrifennu llythyr sy'n esbonio beth ddylai ddigwydd yn eich barn chi a pham.

Wrth gefn
- Gallwch gael y marciau gorau am lythyr sydd wedi'i gynllunio'n ofalus, ond gallech hefyd gael marciau gwerthfawr am y matrics.
- Os nad ydych yn llwyddo i sgorio mwy nag 8 marc allan o'r 11 posib yn y rhan hon o'r papur, bydd yr arholwr yn mynd yn ôl i farcio'r matrics.

Beth ydy ei werth?
- Bydd matrics sydd wedi ei gwblhau'n berffaith ac sy'n dangos dealltwriaeth ddaearyddol glir yn y golofn dde yn derbyn 8 marc.

Y neges
- Gwnewch yn siŵr eich bod yn cwblhau'r matrics hyd eithaf eich gallu.
- Rhowch ddatganiadau manwl 'felly beth?' yn y golofn dde. Hyd yn oed os nad ydych yn llwyddo i wneud llythyr da, gall y matrics eich helpu i ennill mwy na dwy ran o dair o'r marciau sydd ar gael.

Gwybodaeth fewnol

Sut mae taclo'r rhan hon?
- Penderfynu pa un o'r tair strategaeth sydd orau yn eich barn chi. Cofiwch roi cylch o'i hamgylch.
- Creu fframwaith ar gyfer eich llythyr.
  Er enghraifft, os ydych yn dewis Dewis Lleol 1, bydd eich cynllun rhywbeth yn debyg i hyn:

Dewisais y dewis hwn am ei fod yn cynnig mwy o fanteision na'r ddau ddewis arall.
Mae gan Ddewis lleol 2 rai manteision, gan gynnwys ...
Ond mae mwy o anfanteision iddo, sef ...
Yn yr un modd, mae manteision i adeiladu cronfa newydd. Mae'r rhain yn cynnwys ...
Ond mae anfanteision adeiladu cronfa newydd yn fwy pendant, gan gynnwys ...
O ganlyniad, credaf fod Dewis Lleol 1 yn well na'r ddau arall, er bod ganddo'r anfanteision canlynol ...
Mae'r manteision yn fawr. Y manteision ydy ...
I grynhoi, mae Dewis lleol 1 yn well ar y cyfan na'r strategaethau eraill sydd ar gael.

Er mwyn cael y marciau uchaf bydd angen:
- defnyddio datganiadau manwl 'felly beth?'. Mae llythyrau sy'n gwneud dim mwy nag ailadrodd gwybodaeth o'r adnoddau yn cael marciau isel.
- ystyried yr effeithiau ar bobl ac ar yr amgylchedd.
- defnyddio gwybodaeth o'ch astudiaethau. Efallai eich bod wedi astudio llifogydd a dulliau o reoli risg llifogydd yn y dosbarth. Defnyddiwch y wybodaeth honno i gefnogi eich dadleuon.
- ystyried effeithiau tymor byr a thymor hir y strategaethau.
- bod yn gryno. Nid oes angen mynd ymlaen ac ymlaen. Os byddwch yn defnyddio mwy na'r un ochr a hanner o bapur sy'n cael ei ddarparu, mae'n debygol eich bod yn ailadrodd pethau rydych wedi eu dweud yn barod.
- ysgrifennu'r llythyr mewn Cymraeg da. Bydd sillafu a gramadeg yn cael eu marcio.
- defnyddio'r termau daearyddol cywir.

Datrys Problemau | Haen Uwch

Haen Uwch – Rhan A

Mae'r rhan hon yn edrych ar bentref cymudo ger Nottingham a'r problemau sy'n ei wynebu oherwydd llifogydd.

Dylech dreulio tua 25 munud ar y rhan hon.

(a) Astudiwch Fap 1 yn y Ffolder Adnoddau (tudalen 95).

   (i) Disgrifiwch gwrs Afon Trent. [3]

   _____
   _____
   _____
   _____
   _____

   (ii) Disgrifiwch leoliad Attenborough. [2]

   _____
   _____
   _____

(b) Astudiwch y darn o Fap Ordnans sydd y tu mewn i'r clawr cefn.

Defnyddiwch wybodaeth o'r map hwn a Map 1 yn y Ffolder Adnoddau (tudalen 95) i roi ac esbonio dau reswm pam fod Attenborough yn anheddiad gymudo ar gyfer Nottingham. [4]

Rheswm 1: _____
_____

Rheswm 2: _____
_____

(c) Astudiwch yr hydrograff llifogydd isod.

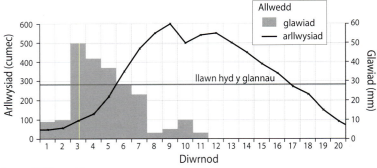

Hydrograff llifogydd

   (i) Beth ydy'r amser oedi yn dilyn uchafbwynt glawiad? [1]

   _____
   _____

   (ii) Am sawl diwrnod y gwnaeth yr afon orlifo? [1]

   _____

Gwybodaeth fewnol
- Defnyddiwch dermau daearyddol fel 'tarddle' ac 'aber' wrth ddisgrifio cwrs yr afon.
- Byddai cyfeiriad a phellterau hefyd yn helpu.

Gwybodaeth fewnol
- Bydd angen nodi'r pellter a'r cyfeiriad cywir oddi wrth nodwedd arall ar y map.
- Edrychwch ar ffurf y cwestiwn cyfatebol yn yr Haen Sylfaen.

Gwybodaeth fewnol
- Ar gyfer pob rheswm mae angen datganiad syml ac yna eglurhad o hyn (y datganiad 'felly pam?').

Gwybodaeth fewnol
- Amser oedi ydy'r cyfnod rhwng uchafbwynt y glawiad ac uchafbwynt yr arllwysiad.

Gwybodaeth fewnol
- Mae'r afon yn gorlifo pan fydd yr arllwysiad yn uwch na glannau'r afon.

Datrys Problemau | Haen Uwch

(iii) Disgrifiwch y newidiadau yn yr arllwysiad dros y cyfnod cyfan. Defnyddiwch ffigurau yn eich ateb. [3]

(iv) Esboniwch sut gall gweithgareddau pobl gynyddu'r risg o lifogydd. [3]

Gwybodaeth fewnol
- Dim ond gweithgareddau pobl mae'r arholwr yn edrych amdanyn nhw yma, felly peidiwch â rhoi achosion naturiol.

(ch) Astudiwch y darn isod gan berson a ddioddefodd o lifogydd Attenborough ym mis Tachwedd 2000.

'Roedd y tŷ yn dawel – dim teledu y noson honno – roedden ni'n ceisio symud ein holl eiddo mor gyflym ag y gallen ni i fyny'r grisiau. Gosodwyd y teledu ar fwrdd y gegin – roedd yn well colli'r bwrdd na cholli'r teledu! Fe wnaethon ni gario'r recordiau, CD's, lluniau a phethau na fyddem byth yn gallu eu cael yn ôl i fyny'r grisiau. Rhoddwyd blociau llawr oedd dros ben gennym mewn bagiau plastig er mwyn codi'r dodrefn oddi ar y llawr.

Gwnaethon ni stwffio ychydig o bethau i mewn i fag neu ddau cyn dringo i mewn i'r cwch – rwy'n credu mai cwch oedd hwn, ond roedden nhw hefyd yn defnyddio tractor i achub pobl felly efallai mai hwn oedd ef. Diffoddais y nwy a'r trydan, a chloi'r drws cyn gadael.'

(i) Esboniwch effaith y llifogydd ar ansawdd bywyd y bobl oedd yn byw yn y tŷ. [3]

Gwybodaeth fewnol
- Yr allwedd i'r cwestiwn hwn yw 'ansawdd bywyd'.
- Byddwch yn cael uchafswm o un marc am ddyfynnu gwybodaeth o'r darn yn unig.

(ii) Defnyddiwch dystiolaeth o'r Map Ordnans i'ch helpu chi i awgrymu ac esbonio pam fod llifogydd Tachwedd 2000 wedi effeithio ar yr amgylchedd naturiol a chludiant yn yr ardal. [5]

Gwybodaeth fewnol
- Mae'r cwestiwn hwn yn cael ei farcio gan ddefnyddio cynllun lefelau yn debyg i'r un ar dudalen 59 yn y llyfr hwn.
- Rhaid i chi ysgrifennu am yr amgylchedd naturiol a chludiant er mwyn cael gobaith o ennill marciau llawn.

[Cyfanswm marciau: 25]

Datrys Problemau | Haen Uwch

Rhan B

Mae'r rhan hon yn archwilio gwahanol ddewisiadau i osgoi llifogydd.

Dylech dreulio tua 25 munud ar y rhan hon.

(a) Astudiwch y Map Ordnans sydd y tu mewn i'r clawr cefn.

    (i) Disgrifiwch lwybr y dull atal llifogydd Dewis 1. [3]

    (ii) Awgrymwch sut gall Dewis 1 gael effeithiau cadarnhaol a negyddol ar bobl sy'n byw yng nghyfeirnod grid 520343. [4]

(b) Astudiwch Ffotograff 1 yn y Ffolder Adnoddau (tudalen 95) a'r Map Ordnans y tu mewn i'r clawr cefn.

    (i) Disgrifiwch leoliad Clwb Criced Attenborough. [2]

    (ii) Awgrymwch sut gall dewis Dewis 2 i amddiffyn Attenborough rhag llifogydd effeithio ar wahanol grwpiau o bobl. [4]

Gwybodaeth fewnol
- Bydd defnyddio cyfeirnodau grid a nodweddion wedi'u henwi yn eich helpu i ennill marciau llawn.

Gwybodaeth fewnol
- Byddwch yn gallu ennill dim ond uchafswm o dri marc os byddwch yn cyfeirio at effeithiau cadarnhaol neu negyddol yn unig.

Gwybodaeth fewnol
- Defnyddiwch dystiolaeth uniongyrchol o'r map gan gynnwys cyfeirnodau grid.

Gwybodaeth fewnol
- Dewiswch grwpiau yr effeithir arnyn nhw mewn ffyrdd gwahanol – yn ddelfrydol un yn gadarnhaol a'r llall yn negyddol.

Datrys Problemau | Haen Uwch

(c) Astudiwch Ffotograff 2 yn y Ffolder Adnoddau (tudalen 96).

(i) Esboniwch sut mae defnyddio Carsington Water yn gallu helpu i atal llifogydd yn nyffryn Trent. [3]

(ii) Defnyddiwch dystiolaeth ffotograffig i awgrymu sut gallai Carsington Water fod wedi effeithio ar fywydau pobl leol ac ymwelwyr o ardaloedd trefol. [5]

[Cyfanswm marciau: 21]

Gwybodaeth fewnol
- Defnyddiwch dystiolaeth o gapsiynau'r lluniau i'ch helpu.
- Bydd y cwestiwn hwn yn cael ei farcio gan ddefnyddio cynllun lefelau fel yr un sydd ar dudalen 59.
- Gwnewch yn siŵr eich bod yn cynnwys manylion penodol er mwyn cael y marc uchaf.

Rhan C

Mae'r rhan hon yn gofyn i chi benderfynu pa ddull ddylai gael ei ddefnyddio i ddiogelu'r pentref yn y dyfodol a sicrhau datblygiad cynaliadwy.

Dylech dreulio tua **40 munud** ar y rhan hon.

Gofynnir i chi ddweud pa gynllun amddiffyn rhag llifogydd ddylai gael ei ddatblygu er mwyn gwarchod Attenborough a sicrhau datblygiad cynaliadwy: **Dewis Lleol 1, Dewis Lleol 2 neu fwy o gronfeydd dŵr yn y dalgylch afon**.

Defnyddiwch y ffeil ffeithiau yn y Ffolder Adnoddau (tudalen 96) i gwblhau'r matrics canlynol a fydd yn eich helpu i drefnu eich syniadau. Mae rhywfaint o'r tabl wedi cael ei gwblhau i chi.

Dylech dreulio tua **20 munud** yn cwblhau'r matrics.

Gwybodaeth fewnol
Cwblhau'r matrics
- Mae hwn yn gam ar y ffordd i gwblhau eich adroddiad.

Prif bwrpas
- Y prif bwrpas ydy eich helpu i drefnu'r syniadau newydd y byddwch chi'n eu gweld yn y ffeil ffeithiau a'ch syniadau chi eich hun. Gall y syniadau hyn ddod o adnoddau eraill rydych chi wedi eu gweld yn yr arholiad neu'n syniadau sy'n dod o'ch gwybodaeth ddaearyddol. Byddan nhw'n eich helpu i ysgrifennu'r adroddiad terfynol.

Wrth gefn
- Gallwch gael y marciau gorau am adroddiad sydd wedi'i gynllunio'n ofalus, ond gallech hefyd gael marciau gwerthfawr am y matrics.
- Os nad ydych yn llwyddo i sgorio mwy nag 8 marc allan o'r 14 posib yn y rhan hon o'r papur, bydd yr arholwr yn mynd yn ôl i farcio'r matrics.

Beth ydy ei werth?
- Bydd matrics sydd wedi ei gwblhau'n berffaith ac sy'n dangos dealltwriaeth ddaearyddol glir yn y ddwy golofn dde yn cael 8 marc.
- Bydd angen i chi wneud yn siŵr eich bod yn deall pob agwedd ar gynaliadwyedd os ydych chi'n mynd i ennill marciau uchel.

Y Neges
- Mae'n syniad da i chi gwblhau'r matrics hyd yn oed os ydych chi'n teimlo y byddwch yn debygol o gael marciau da am yr adroddiad. Mae'n gallu rhoi hyder i chi a hefyd fframwaith defnyddiol a fydd yn eich helpu i lunio adroddiad trefnus a manwl.
- Mae hefyd yn eich helpu i ymarfer darparu datganiadau 'felly beth?' a meddwl yn glir mewn perthynas â chynaliadwyedd, a fydd yn eich helpu i gael y marciau uchaf.

Datrys Problemau | Haen Uwch

	Ffaith	Effeithiau	Cynaliadwy (C) Anghynaliadwy (A)
Dewis Lleol 1	Wal naturiol wedi'i thirlunio	Bydd yn cadw 'teimlad' gwledig y pentref ac yn edrych yn ddymunol ar gyfer y bobl leol.	(C) Bydd yn annog pobl i barhau i fyw yn y pentref gan gynnal yr economi lleol drwy hynny.
Dewis Lleol 2			
Cronfa ddŵr newydd			

93

Datrys Problemau | Haen Uwch

Defnyddiwch y wybodaeth yn eich matrics ar dudalen 93 i'ch helpu i lunio adroddiad. Bydd yr adroddiad yn cynnig cyngor ar sut i ddiogelu Attenborough rhag llifogydd gan hyrwyddo datblygiad cynaliadwy. Gallwch hefyd ddefnyddio gwybodaeth o rannau eraill o'r papur hwn a'ch syniadau chi eich hun.

Dylech gynghori ar ba **un dewis** ddylai cael ei ddatblygu.

Esboniwch pam fod eich dewis chi yn well na'r ddau ddewis arall.

Rwy'n ysgrifennu i gynghori ar ddatblygiad ...

Nodwch y strategaeth o'ch dewis chi **Dewis Lleol 1/ Dewis Lleol 2/ cronfa ddŵr newydd**.

Darperir tua dwy dudalen o bapur ysgrifennu er mwyn i chi ysgrifennu eich llythyr.
Ni fydd angen mwy na hyn arnoch, ac yn fwy na thebyg bydd angen llai.

Gwybodaeth fewnol
Cynllunio – yr allwedd i lwyddiant
- Meddyliwch am y dewisiadau yn ofalus. Defnyddiwch dystiolaeth nid yn unig o'r ffeil ffeithiau ond hefyd adnoddau eraill a'ch gwybodaeth chi eich hun i roi sail ar gyfer eich dewis.
- Nawr, meddyliwch am gynllun i'ch adroddiad. Dylai gynnwys:
  - datganiad clir o'r strategaeth ddewisol
  - ystyriaeth o fanteision ac anfanteision y ddwy strategaeth arall; gan bwysleisio'r anfanteision
  - ystyriaeth o fanteision ac anfanteision eich strategaeth chi, gan bwysleisio'r manteision
  - datganiad terfynol yn crynhoi eich dewis
  - syniadau am gynaliadwyedd wedi'u gwau trwy'r adroddiad i gyd – mae hyn yn bwysig iawn.

Er mwyn cyrraedd lefelau uwch y cynllun marcio rhaid:
- defnyddio datganiadau syml o'r ffeil ffeithiau a thystiolaeth arall fel mannau cychwyn. Wrth archwilio'r rhain byddwch yn dangos dealltwriaeth lawn.
- ystyriwch oblygiadau cymdeithasol, economaidd ac amgylcheddol y strategaethau.
- defnyddiwch eich gwybodaeth eich hun hefyd os yw'n cefnogi eich syniadau.
- ystyriwch effeithiau tymor byr a thymor hir y strategaethau. Mae hwn yn bwysig ar gyfer cynaliadwyedd.
- ysgrifennwch eich adroddiad ar ffurf ffurfiol. Ysgrifennwch y pwyntiau pwysig yn unig gan osgoi crwydro oddi ar y testun. Ni fydd angen mwy na'r ddwy dudalen a ddarperir ar eich cyfer.
- ysgrifennwch y llythyr mewn Cymraeg da. Bydd y sillafu a'r gramadeg yn cael eu marcio.
- Defnyddiwch dermau daearyddol pwrpasol ble bynnag y gallwch.

Datrys Problemau | Ffolder Adnoddau

Ffolder Adnoddau

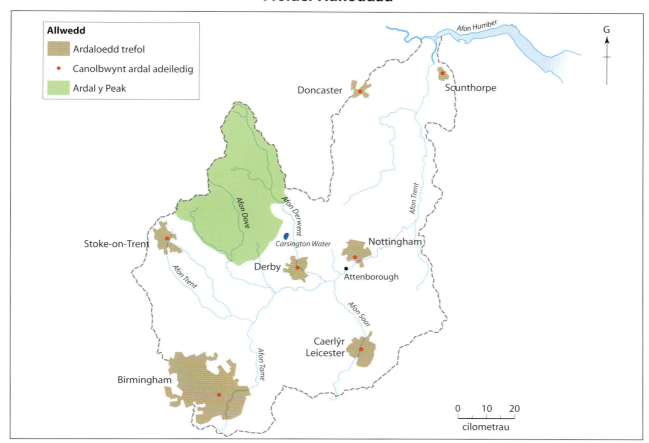

Map 1 Dalgylch Afon Trent

Ffotograff 1 Clwb Criced Attenborough

Datrys Problemau | Ffolder Adnoddau

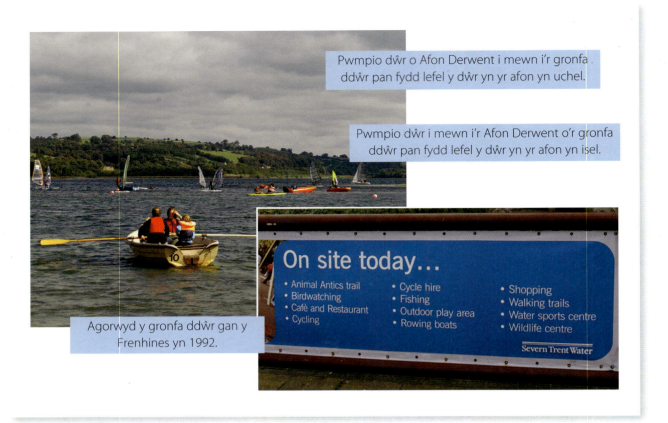

Pwmpio dŵr o Afon Derwent i mewn i'r gronfa ddŵr pan fydd lefel y dŵr yn yr afon yn uchel.

Pwmpio dŵr i mewn i'r Afon Derwent o'r gronfa ddŵr pan fydd lefel y dŵr yn yr afon yn isel.

Agorwyd y gronfa ddŵr gan y Frenhines yn 1992.

Ffotograff 2 Carsington Water

FFEIL FFEITHIAU

Dewis Lleol 1
- bydd y wal yn edrych yn naturiol ac wedi'i thirlunio.
- bydd gatiau llifogydd yno i alluogi mynediad i'r meysydd parcio a'r canolfannau chwaraeon.
- bydd yn dinistrio tua 305 metr o hen wrychoedd.

Dewis Lleol 2
- bydd yn achosi peth difrod i Warchodfa Natur Attenborough
- bydd yn effeithio ar allu pysgotwyr i bysgota yn yr afon
- bydd yn amddiffyn tir sydd wedi ei ddatblygu ar gyfer hamdden, gan gynnwys y maes criced.

Cronfa ddŵr newydd
- bydd yn creu amrywiaeth o gynefinoedd gwyllt
- bydd yn boddi tir ffermio ac adeiladau fferm
- bydd yn darparu dŵr ar gyfer pobl Nottingham a Derby.

Disney INGÉNUE SONGBOOK
27 SONGS FROM STAGE AND SCREEN

Piano

ISBN 978-1-4950-9087-5

Characters and Artwork © Disney Enterprises, Inc.

The following song is the property of:

Bourne Co.
Music Publishers
5 West 37th Street
New York, NY 10018

SOME DAY MY PRINCE WILL COME

The following song is the property of:

Rilting Music, Inc.
All Rights Administered by WB Music Corp.

ON THE STEPS OF THE PALACE

Walt Disney Music Company
Wonderland Music Company, Inc.

DISTRIBUTED BY

7777 W. BLUEMOUND RD. P.O. BOX 13819 MILWAUKEE, WI 53213

For all works contained herein:
Unauthorized copying, arranging, adapting, recording, Internet posting, public performance,
or other distribution of the printed music in this publication is an infringement of copyright.
Infringers are liable under the law.

Visit Hal Leonard Online at
www.halleonard.com

CONTENTS

BEAUTY AND THE BEAST: THE BROADWAY MUSICAL
- 5 Belle (Reprise)
- 8 Home
- 14 A Change in Me

CAMP ROCK
- 20 This Is Me

CINDERELLA
- 28 A Dream Is a Wish Your Heart Makes
- 31 So This Is Love

CINDERELLA II: DREAMS COME TRUE
- 34 Follow Your Heart

ENCHANTED
- 42 That's How You Know
- 54 True Love's Kiss

FROZEN
- 60 For the First Time in Forever
- 68 Let It Go

HERCULES
- 77 I Won't Say (I'm in Love)

INTO THE WOODS (film)
- 82 On the Steps of the Palace (film version)

THE LITTLE MERMAID: ORIGINAL BROADWAY CAST RECORDING
- 89 Part of Your World
- 104 The World Above
- 96 Beyond My Wildest Dreams

MOANA
- 107 How Far I'll Go

MULAN
- 112 Reflection

NEWSIES THE MUSICAL
- 115 Watch What Happens

POCAHONTAS
- 132 Just Around the Riverbend
- 125 Colors of the Wind

POCAHONTAS II: JOURNEY TO A NEW WORLD
- 138 Where Do I Go from Here

THE PRINCESS AND THE FROG
- 142 Almost There

SLEEPING BEAUTY
- 122 I Wonder

SNOW WHITE AND THE SEVEN DWARFS
- 150 Some Day My Prince Will Come

TANGLED
- 157 When Will My Life Begin?
- 162 I See the Light

BELLE
(Reprise)
from *Beauty and the Beast: The Broadway Musical*

Music by Alan Menken
Lyrics by Howard Ashman

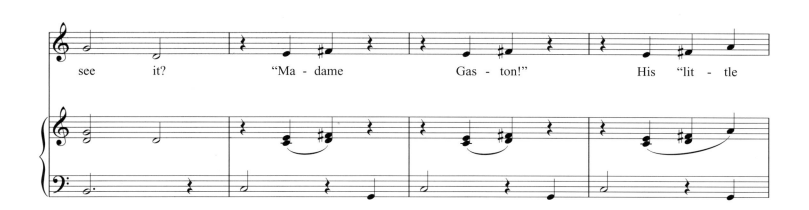

© 1991 Wonderland Music Company, Inc. and Walt Disney Music Company
All Rights Reserved. Used by Permission.

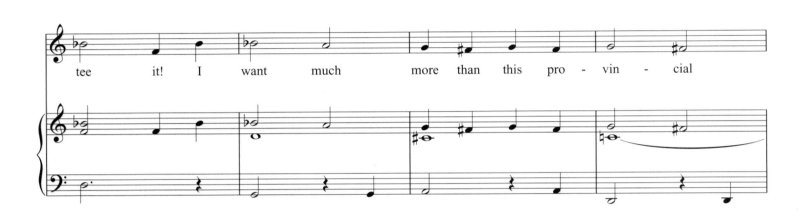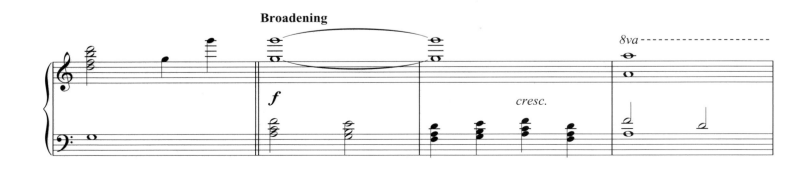

HOME
from *Beauty and the Beast: The Broadway Musical*

Music by Alan Menken
Lyrics by Tim Rice

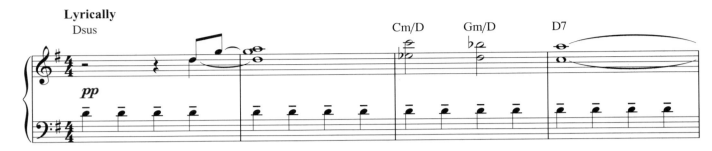
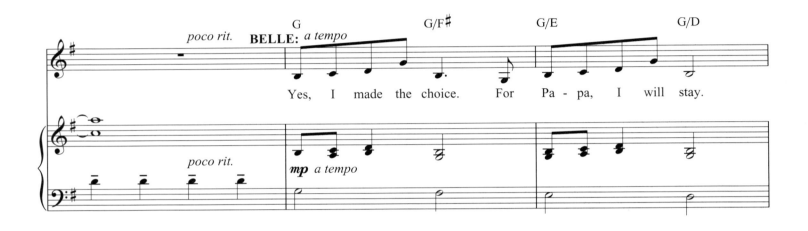
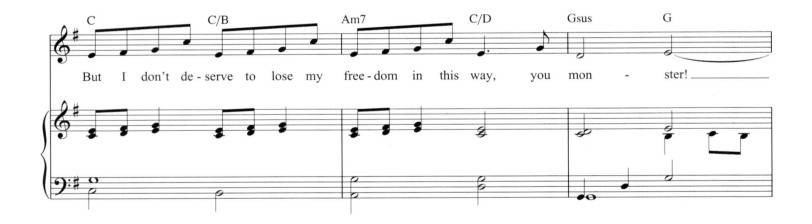

© 1994 Wonderland Music Company, Inc., Menken Music, Trunksong Music Ltd. and Walt Disney Music Company
All Rights Reserved. Used by Permission.

12

A CHANGE IN ME
from *Beauty and the Beast: The Broadway Musical*

Music by Alan Menken
Words by Tim Rice

© 1999 Wonderland Music Company, Inc., Menken Music, Trunksong Music, Ltd. and Walt Disney Music Company
All Rights Reserved. Used by Permission.

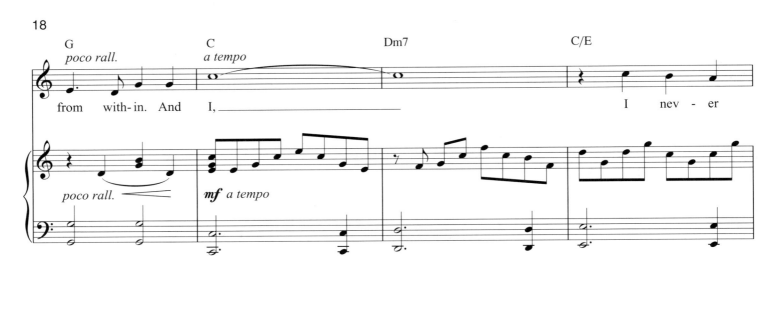
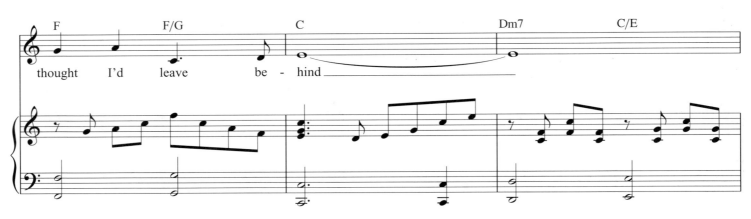

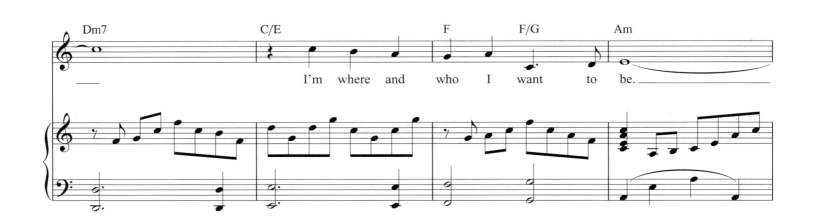

THIS IS ME
from *Camp Rock*

Words and Music by Adam Watts
and Andy Dodd

Pop Rock

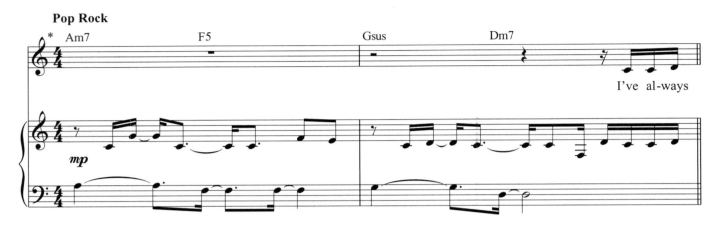

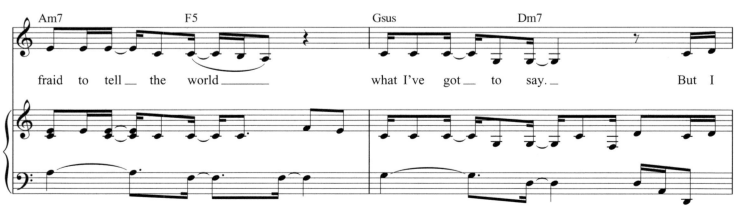

* *Recorded a half step higher.*

© 2008 Walt Disney Music Company
All Rights Reserved. Used by Permission.

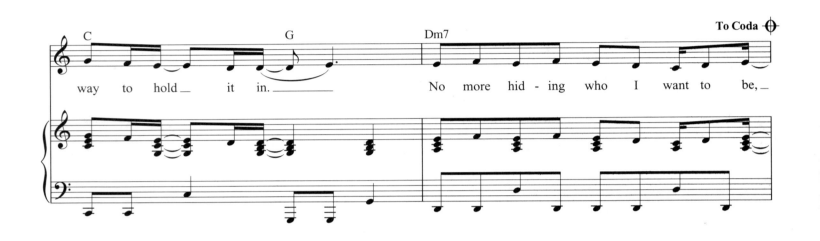
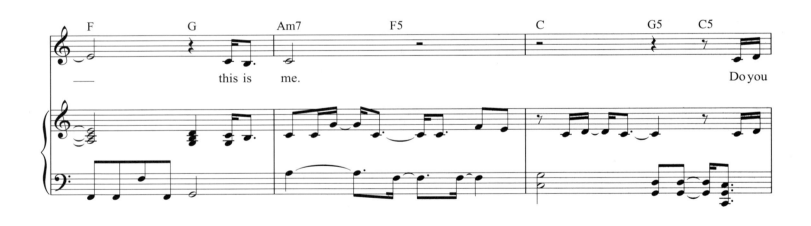

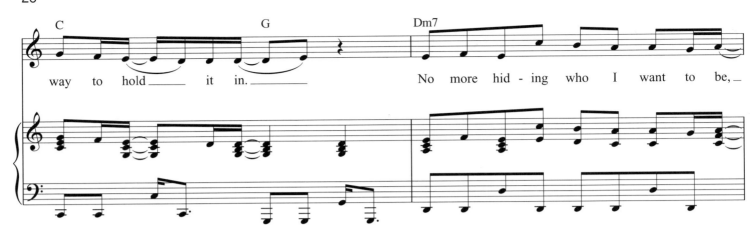

A DREAM IS A WISH YOUR HEART MAKES
from *Cinderella*

Words and Music by Mack David,
Al Hoffman and Jerry Livingston

SO THIS IS LOVE
from *Cinderella*

Words and Music by Al Hoffman,
Mack David and Jerry Livingston

This song is performed by Cinderella and Prince Charming in the film, adapted here as a solo.

© 1948 Walt Disney Music Company
Copyright Renewed.
All Rights Reserved. Used by Permission.

FOLLOW YOUR HEART
from *Cinderella II: Dreams Come True*

Words and Music by Alan Zachary
and Michael Weiner

© 2002 Walt Disney Music Company
All Rights Reserved. Used by Permission.

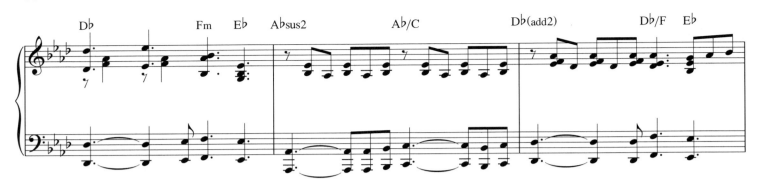
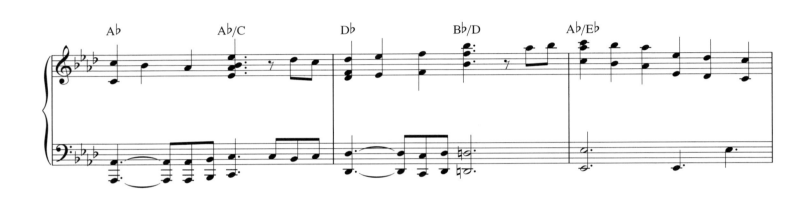
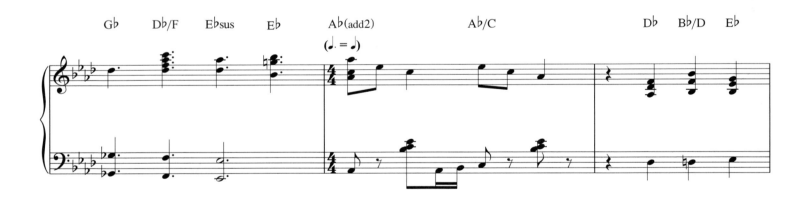
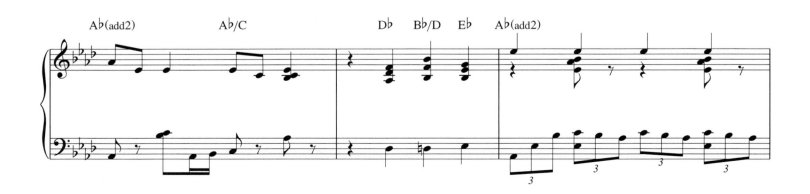

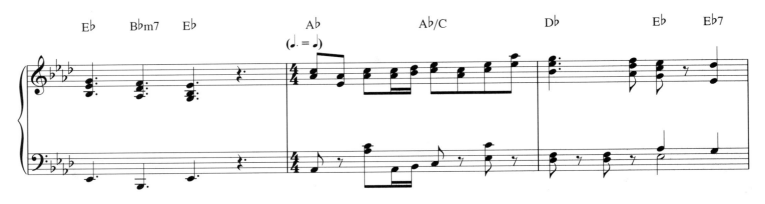
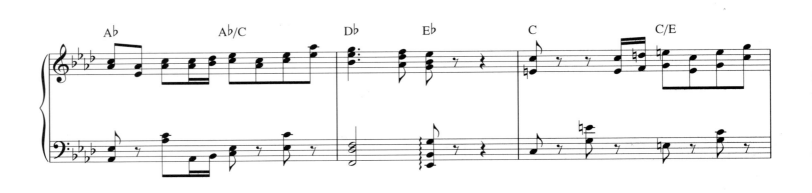
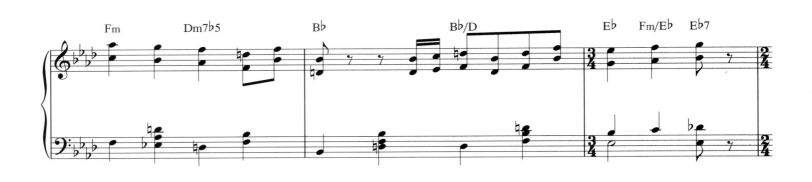

40

THAT'S HOW YOU KNOW
from *Enchanted*

Music by Alan Menken
Lyrics by Stephen Schwartz

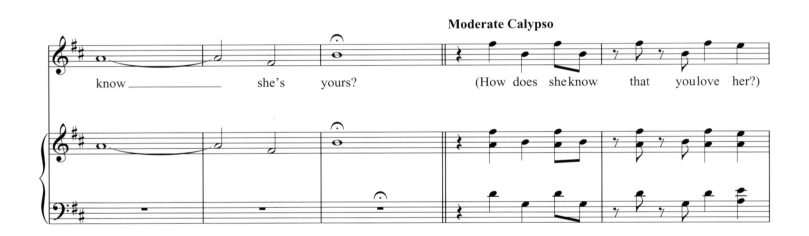

© 2007 Wonderland Music Company, Inc. and Walt Disney Music Company
All Rights Reserved. Used by Permission.

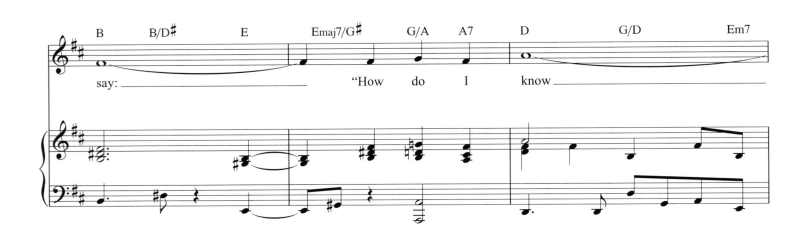
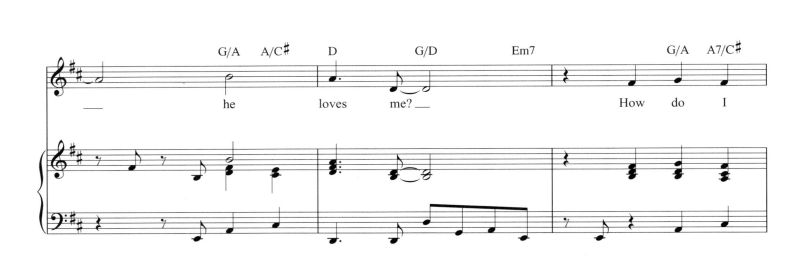
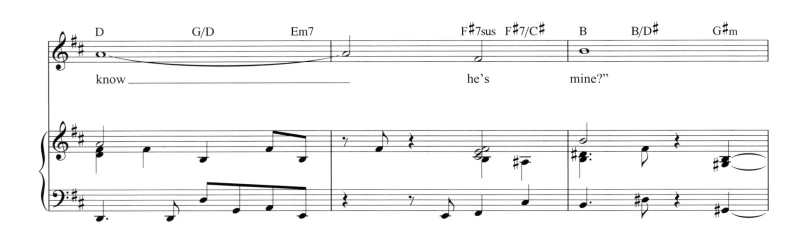

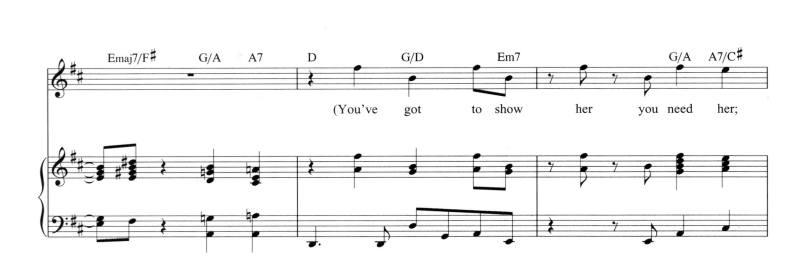

50

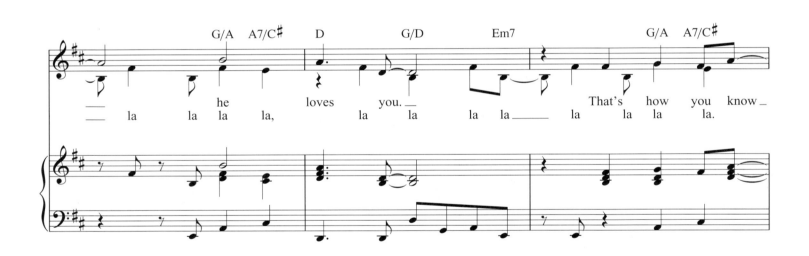

TRUE LOVE'S KISS
from *Enchanted*

Music by Alan Menken
Lyrics by Stephen Schwartz

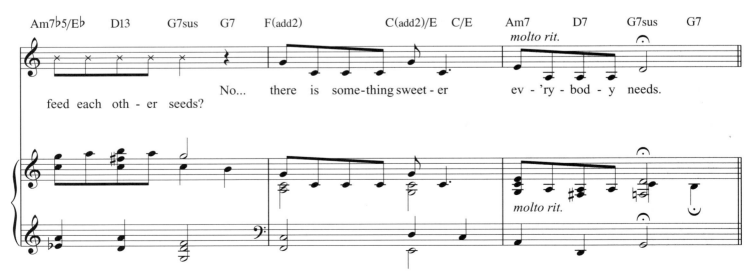

© 2007 Wonderland Music Company, Inc. and Walt Disney Music Company
All Rights Reserved. Used by Permission.

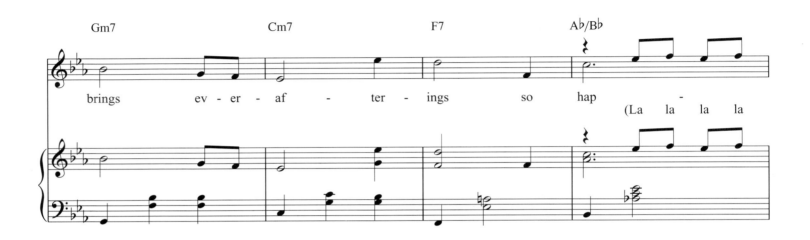
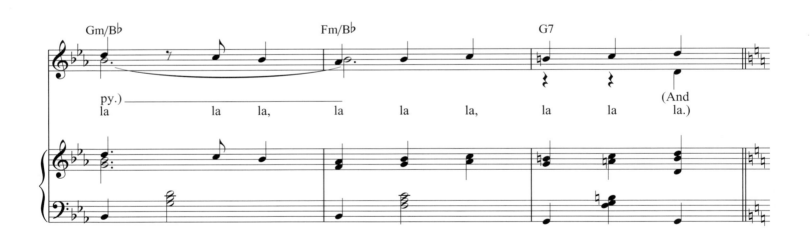
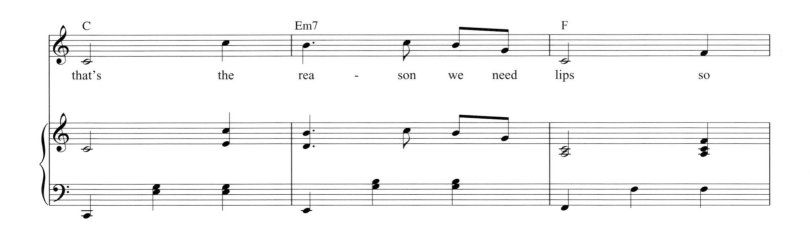

FOR THE FIRST TIME IN FOREVER
from *Frozen*

Music and Lyrics by Kristen Anderson-Lopez
and Robert Lopez

This song has been edited as a solo for this edition.

© 2013 Wonderland Music Company, Inc.
All Rights Reserved. Used by Permission.

LET IT GO
from *Frozen*

Music and Lyrics by Kristen Anderson-Lopez
and Robert Lopez

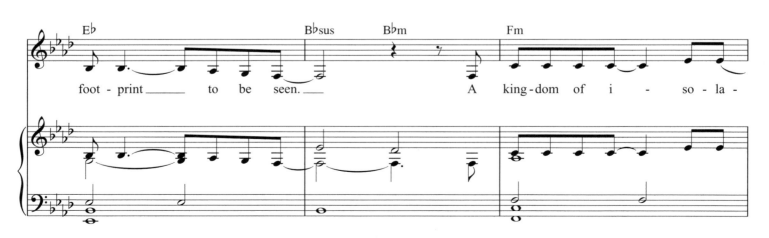

© 2013 Wonderland Music Company, Inc.
All Rights Reserved. Used by Permission.

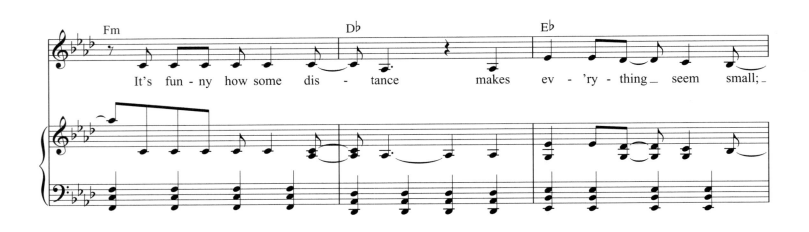
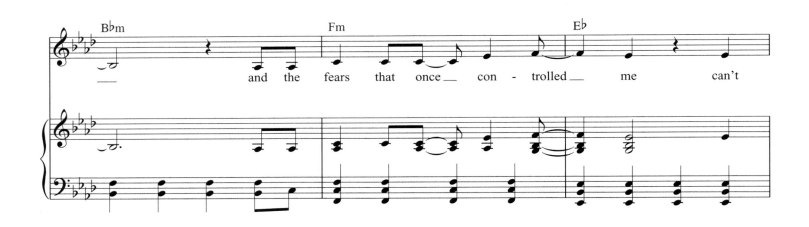

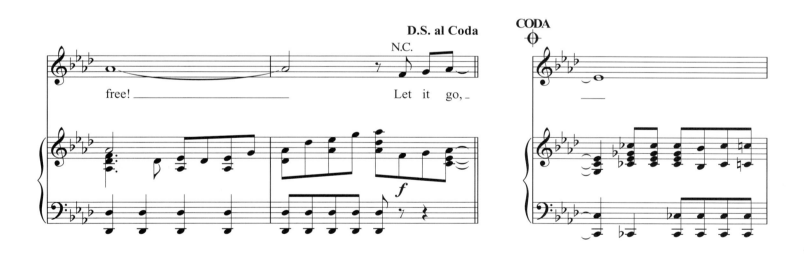

I WON'T SAY
(I'm in Love)
from *Hercules*

Music by Alan Menken
Lyrics by David Zippel

ON THE STEPS OF THE PALACE
(Film Version)
from *Into the Woods*

Words and Music by
Stephen Sondheim

© 1988 RILTING MUSIC, INC.
All Rights Administered by WB MUSIC CORP.
All Rights Reserved   Used by Permission

PART OF YOUR WORLD
from *The Little Mermaid: Original Broadway Cast Recording*

Music by Alan Menken
Lyrics by Howard Ashman

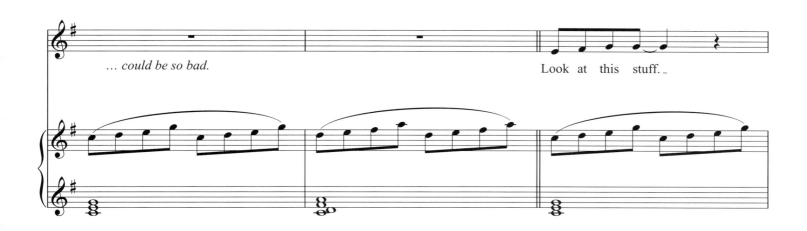

© 1988 Wonderland Music Company, Inc. and Walt Disney Music Company
All Rights Reserved. Used by Permission.

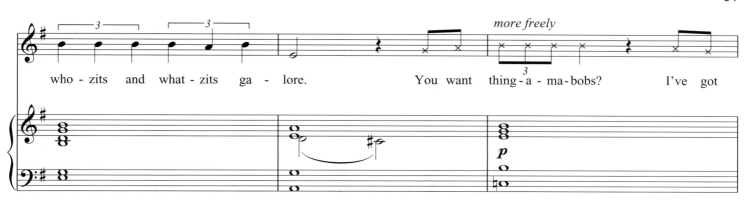

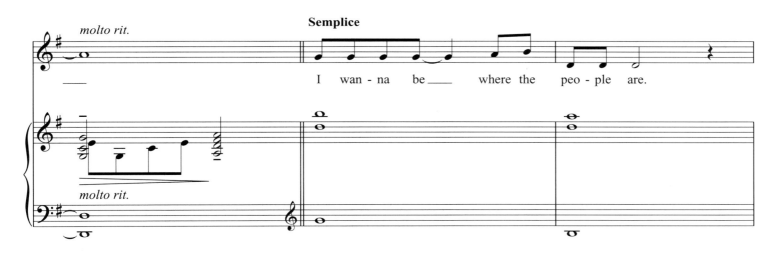
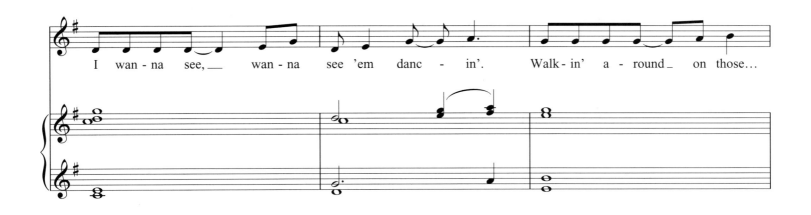

BEYOND MY WILDEST DREAMS
from *The Little Mermaid: Original Broadway Cast Recording*

Music by Alan Menken
Lyrics by Glenn Slater

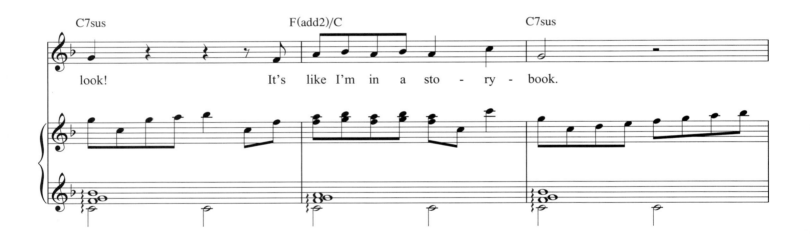

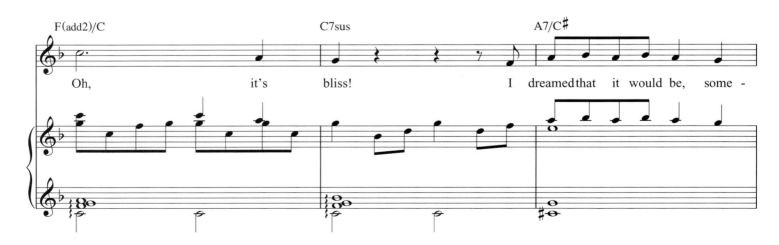

© 2007 Menken Music, Walt Disney Music Company/Punchbuggy Music
All Rights Reserved. Used by Permission.

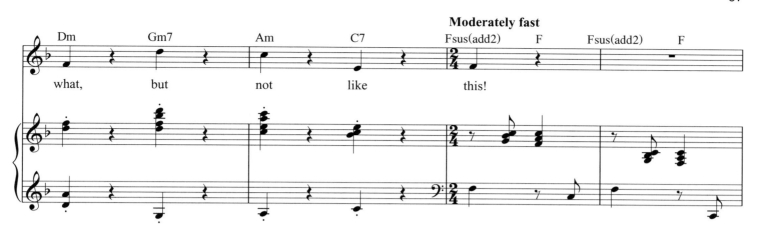
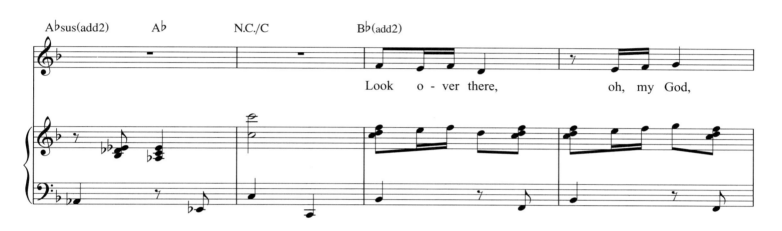
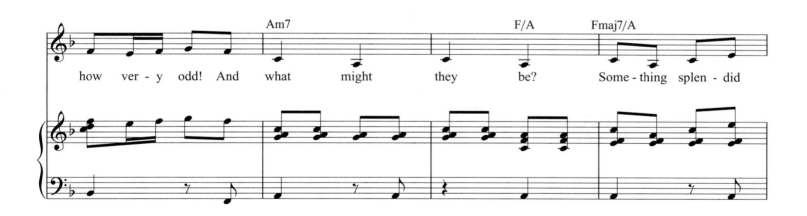

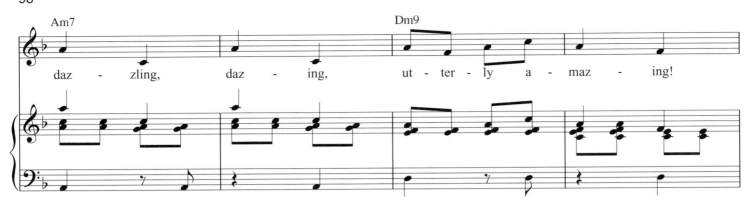

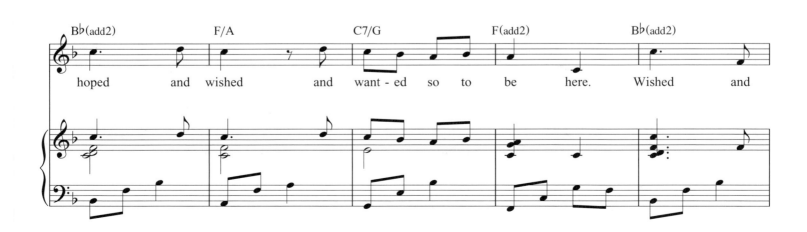

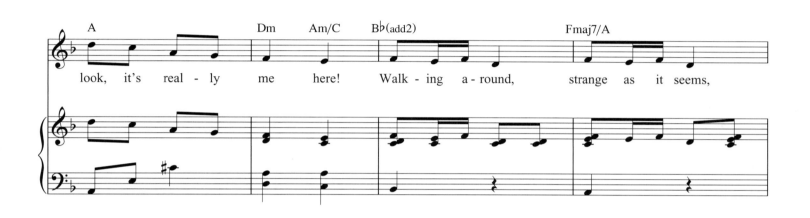
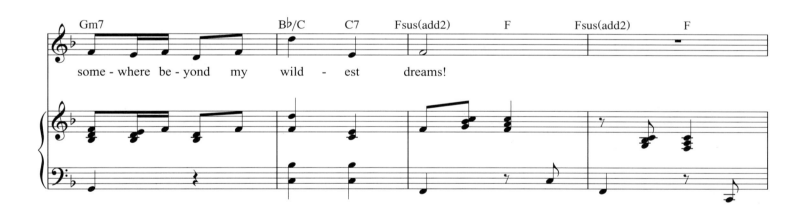

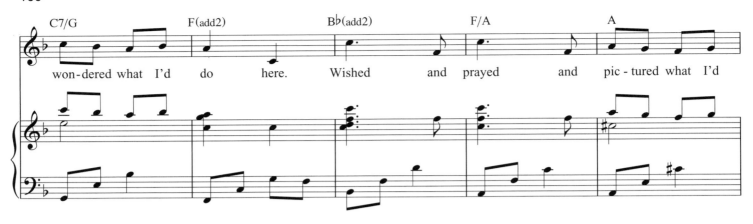
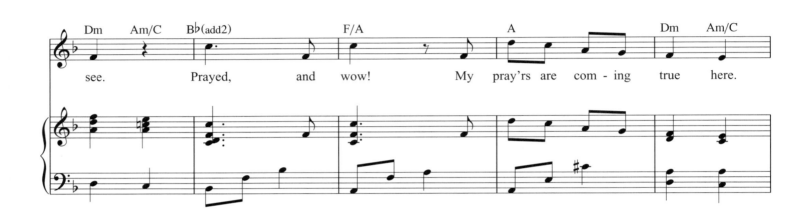
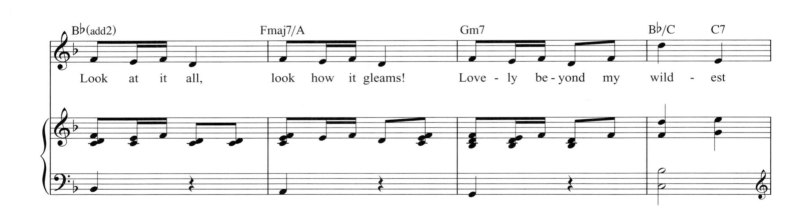
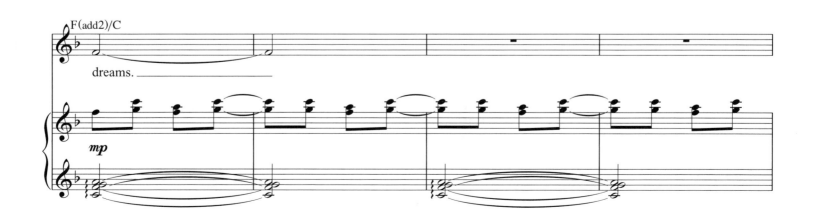

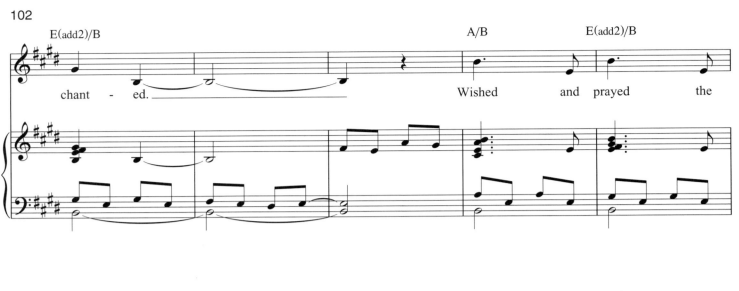
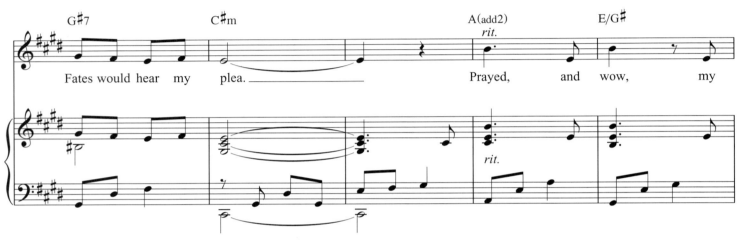
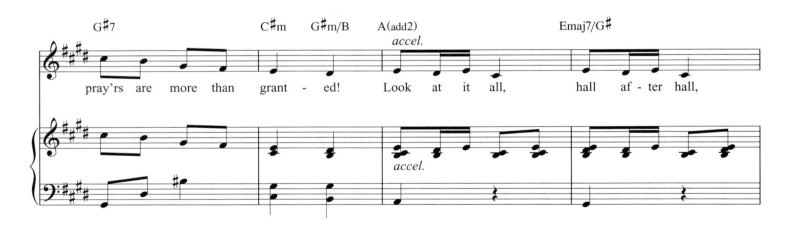

THE WORLD ABOVE

from *The Little Mermaid: Original Broadway Cast Recording*

Music by Alan Menken
Lyrics by Glenn Slater

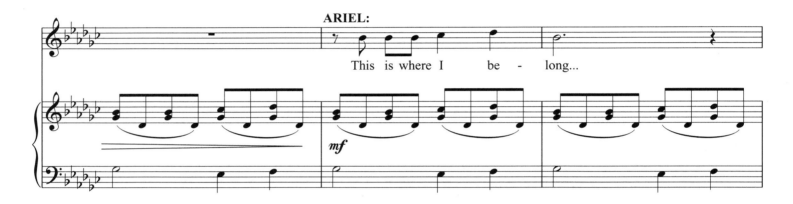

ARIEL: This is where I be-long...

Be-neath the clear, wide blue here. I feel com-plete-ly new here, in the

world a-bove! It's like my life was

© 2007 Menken Music, Walt Disney Music Company/Punchbuggy Music
All Rights Reserved. Used by Permission.

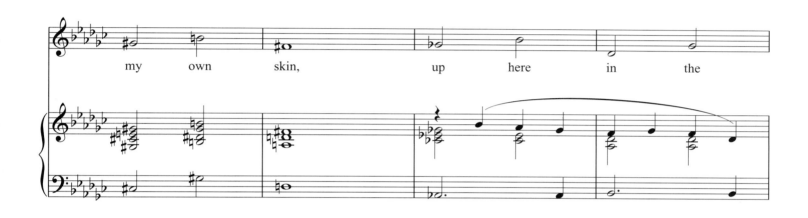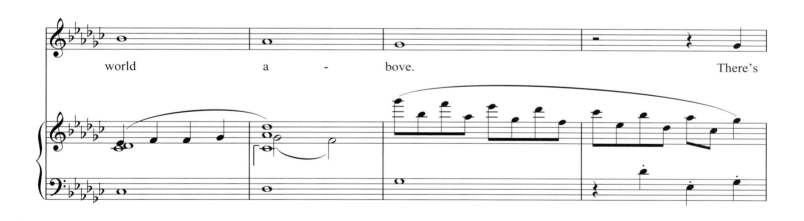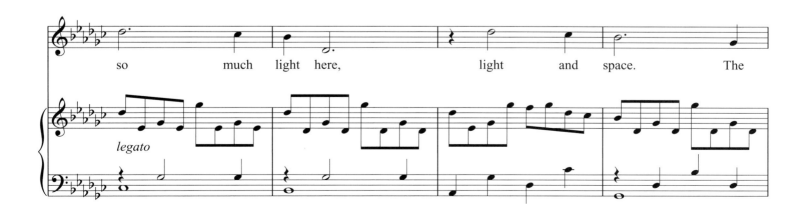

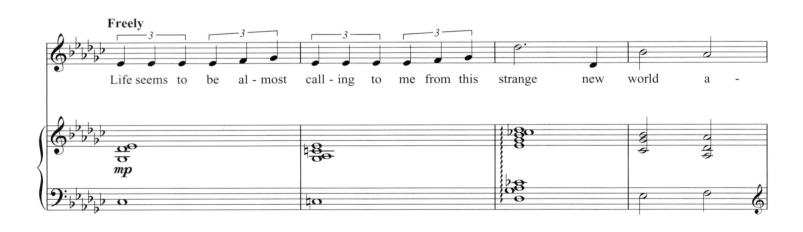

HOW FAR I'LL GO
from *Moana*

Music and Lyrics by
Lin-Manuel Miranda

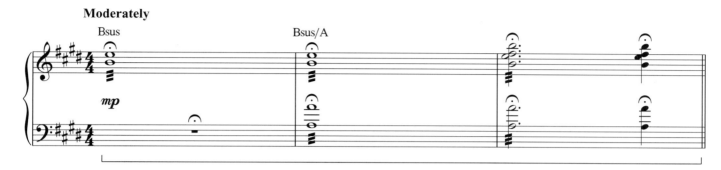

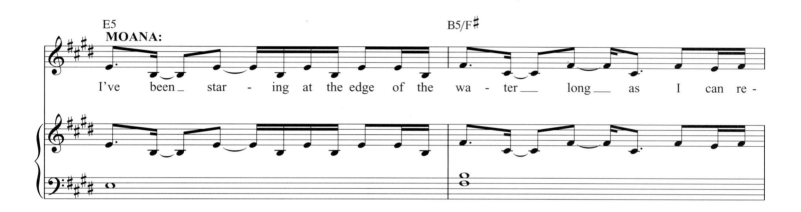

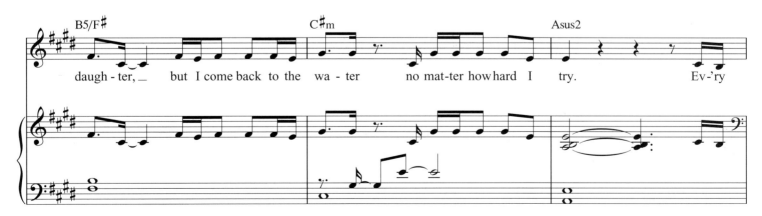

© 2016 Walt Disney Music Company
All Rights Reserved. Used by Permission.

REFLECTION
from *Mulan*

Music by Matthew Wilder
Lyrics by David Zippel

WATCH WHAT HAPPENS
from *Newsies the Musical*

Music by Alan Menken
Lyrics by Jack Feldman

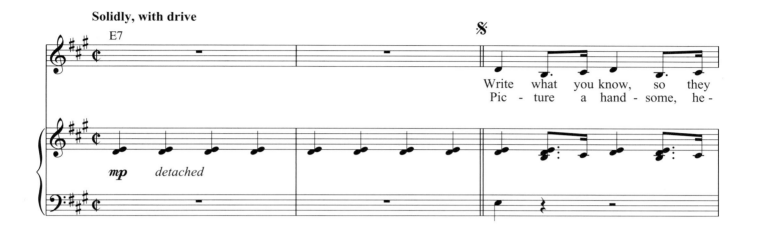

© 2012 Menken Music and Camp Songs Music
All Rights for Camp Songs Music Administered by Wonderland Music Company, Inc.
All Rights Reserved. Used by Permission.

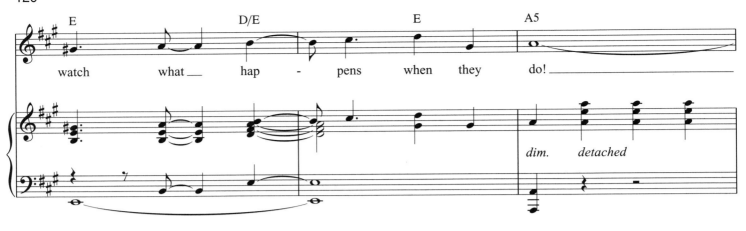
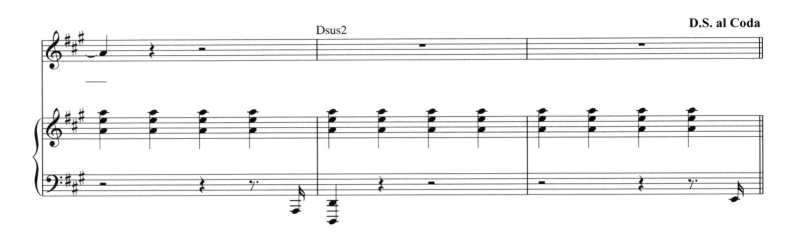
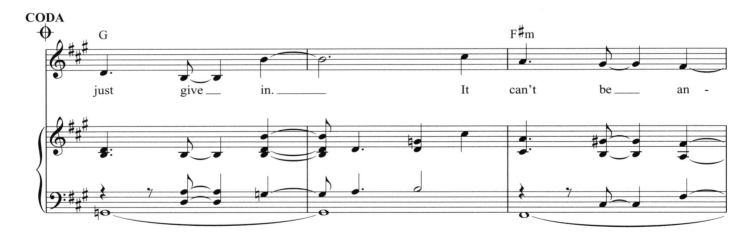
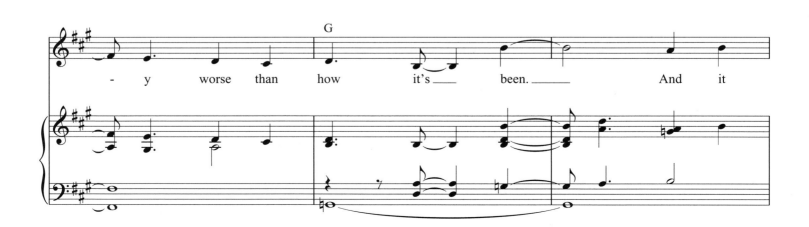

I WONDER
from *Sleeping Beauty*

Words by Winston Hibler and Ted Sears
Music by George Bruns
Adapted from a Theme by Tchaikovsky

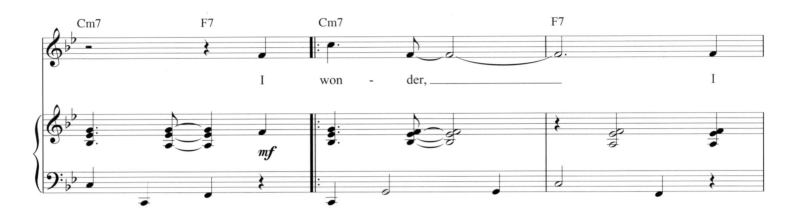

© 1954 Walt Disney Music Company
Copyright Renewed.
All Rights Reserved. Used by Permission.

COLORS OF THE WIND
from *Pocahontas*

Music by Alan Menken
Lyrics by Stephen Schwartz

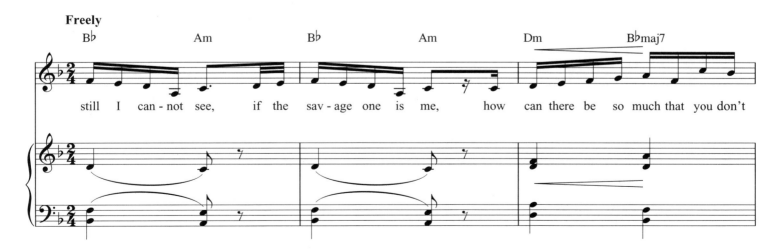

© 1995 Wonderland Music Company, Inc. and Walt Disney Music Company
All Rights Reserved. Used by Permission.

JUST AROUND THE RIVERBEND
from *Pocahontas*

Music by Alan Menken
Lyrics by Stephen Schwartz

WHERE DO I GO FROM HERE
from *Pocahontas II: Journey to a New World*

Music by Larry Grossman
Words by Marty Panzer

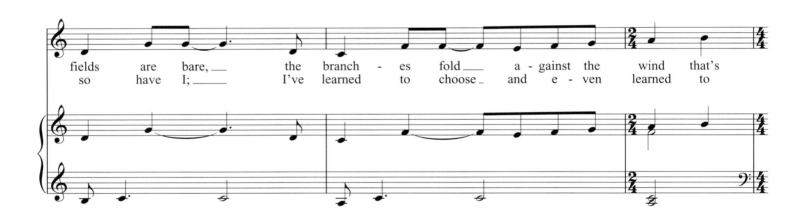

© 1998 Wonderland Music Company, Inc.
All Rights Reserved. Used by Permission.

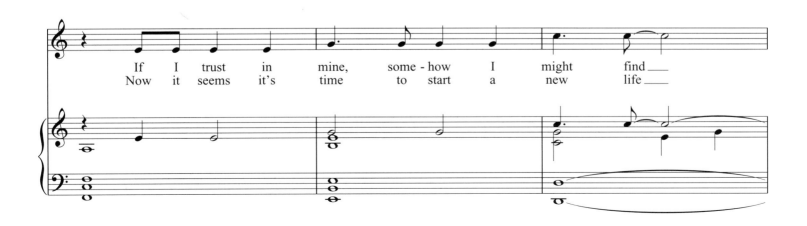

141

ALMOST THERE
from *The Princess and the Frog*

Music and Lyrics by
Randy Newman

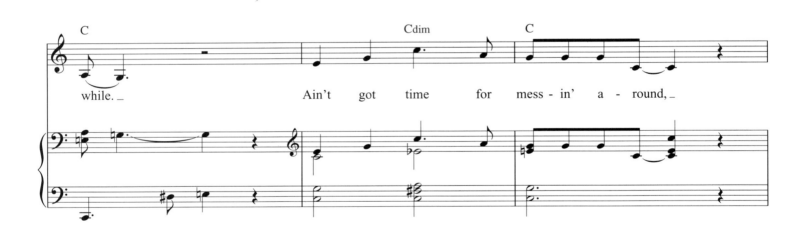

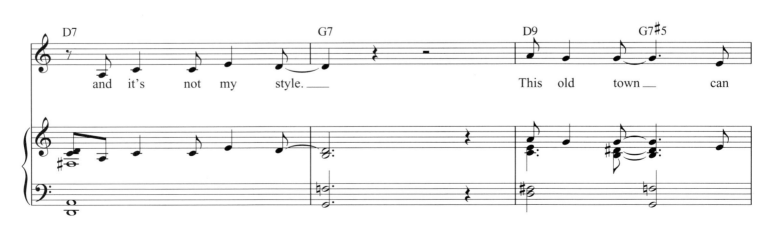

© 2009 Walt Disney Music Company
All Rights Reserved. Used by Permission.

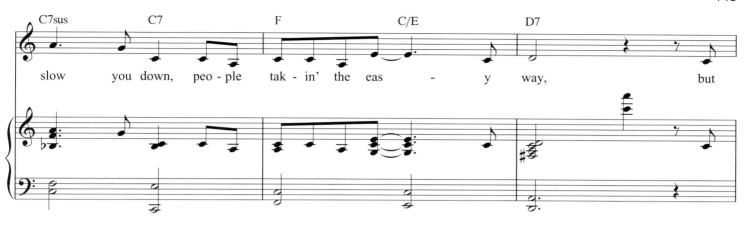
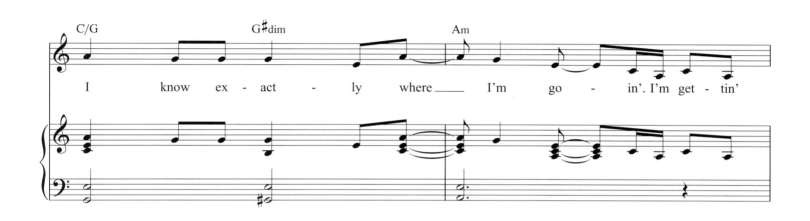
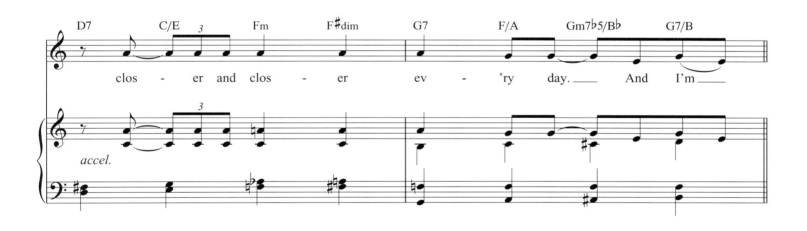
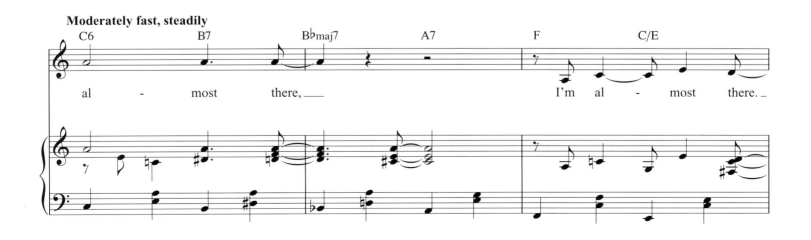

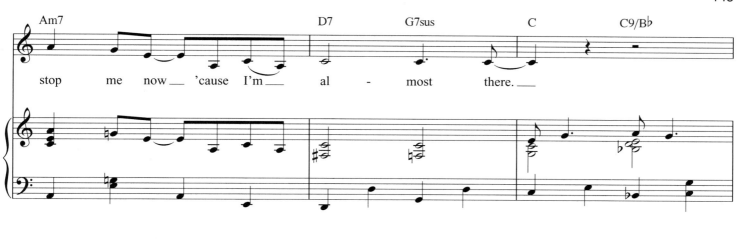
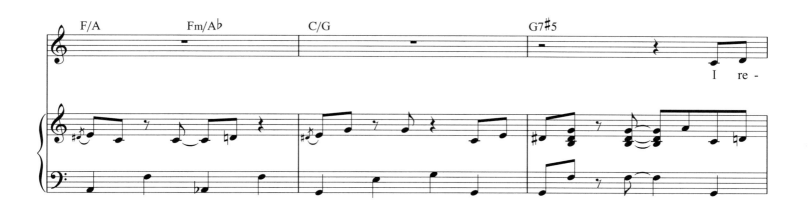
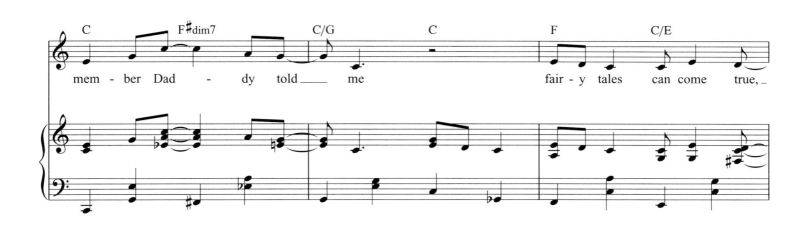
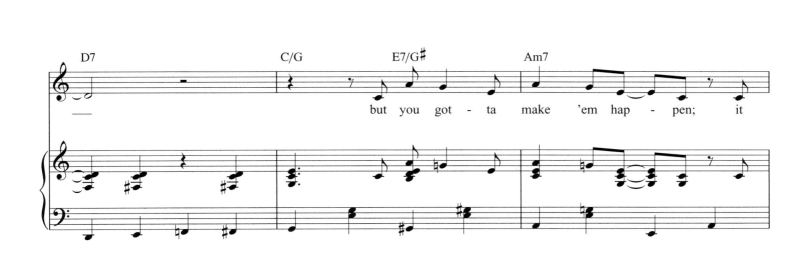

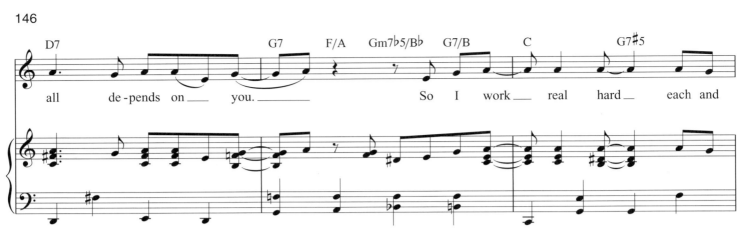

147

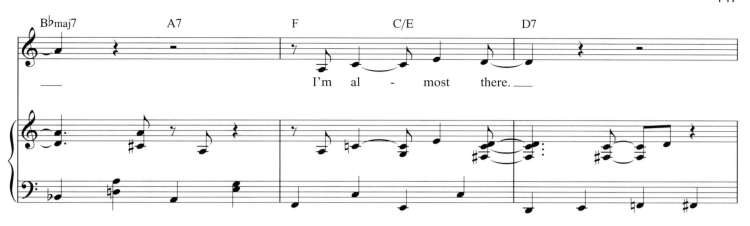

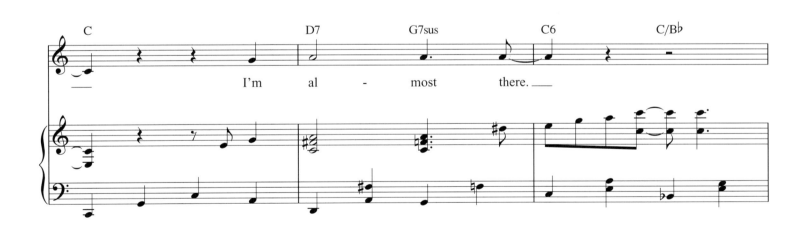

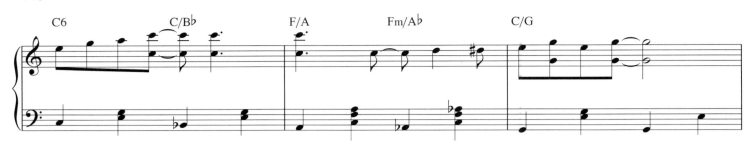

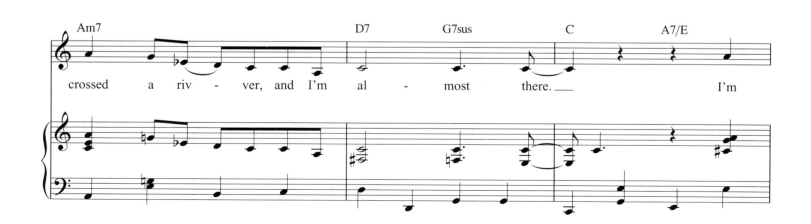

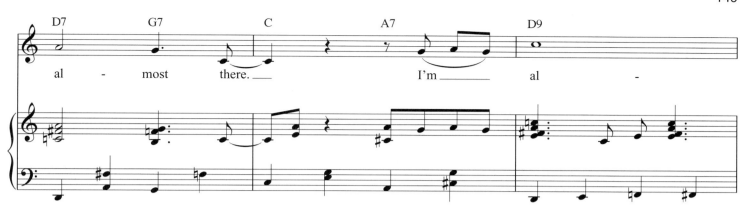
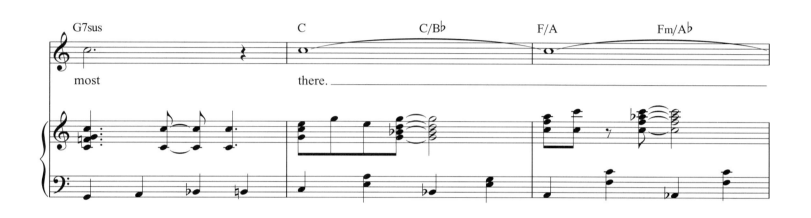
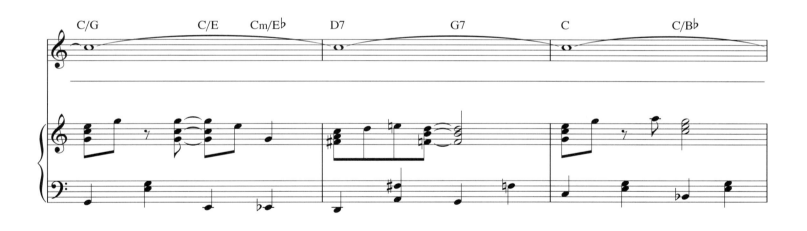

SOME DAY MY PRINCE WILL COME
from *Snow White and the Seven Dwarfs*

Words by Larry Morey
Music by Frank Churchill

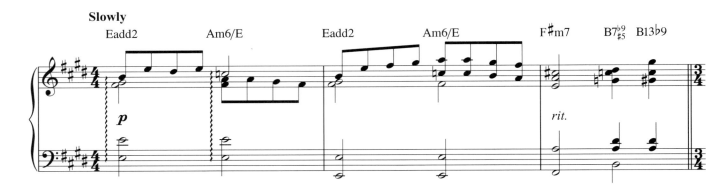

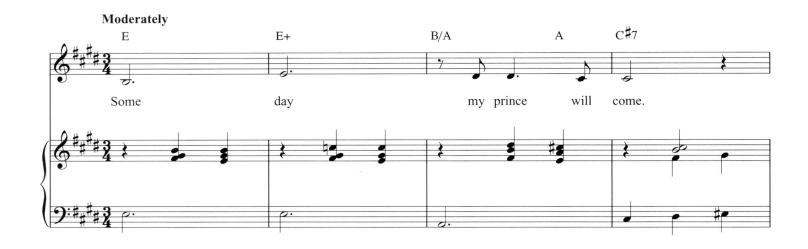

Copyright © 1937 by Bourne Co. (ASCAP)
Copyright Renewed
International Copyright Secured   All Rights Reserved

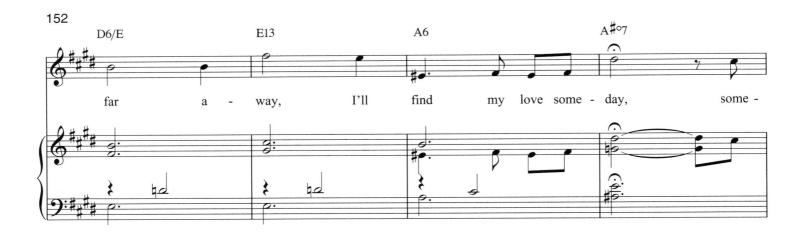
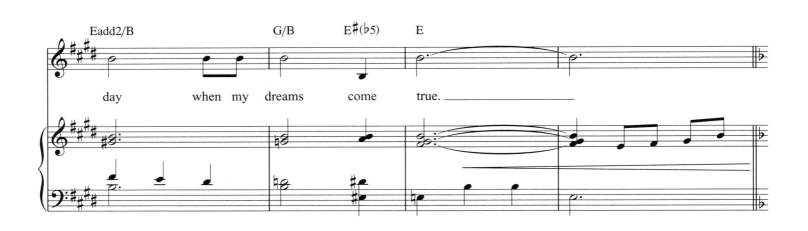
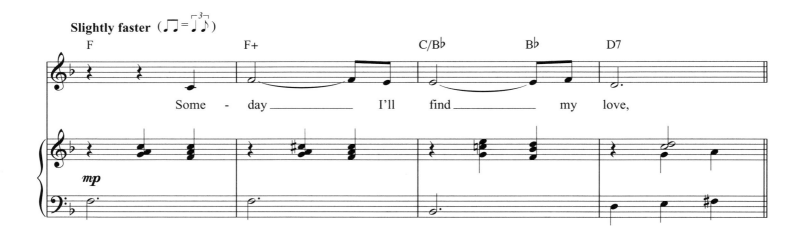
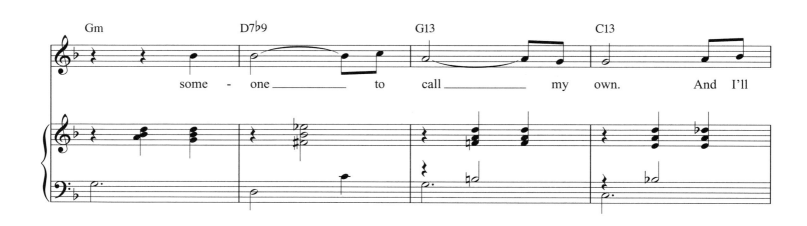

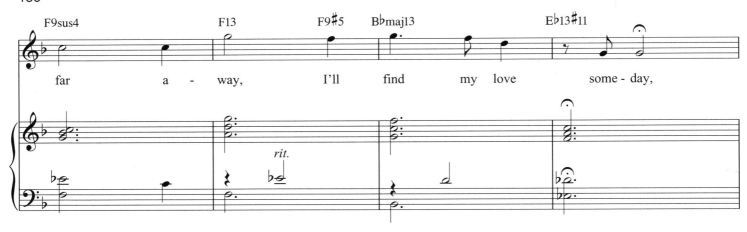
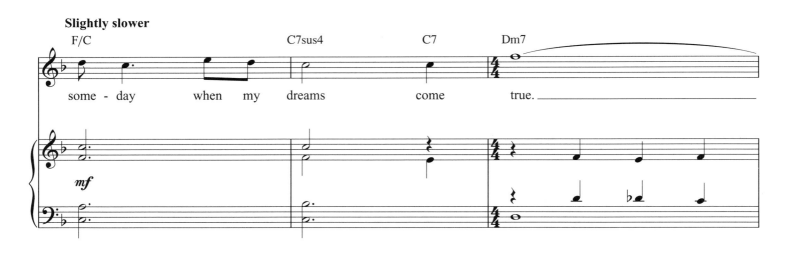

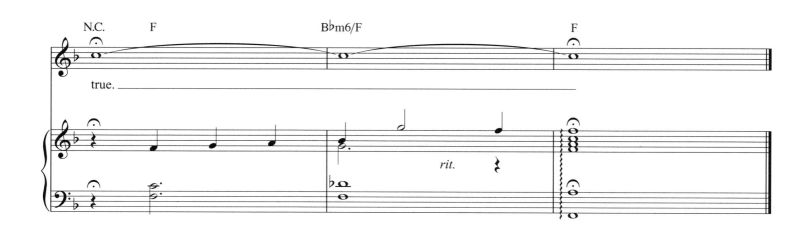

WHEN WILL MY LIFE BEGIN?
from *Tangled*

Music by Alan Menken
Lyrics by Glenn Slater

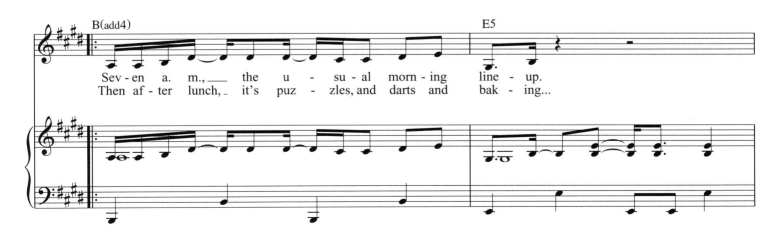

Sev- en a. m., the u- su- al morning line- up.
Then af- ter lunch, it's puz- zles, and darts and bak- ing...

© 2010 Wonderland Music Company, Inc. and Walt Disney Music Company
All Rights Reserved. Used by Permission.

I SEE THE LIGHT
from *Tangled*

Music by Alan Menken
Lyrics by Glenn Slater

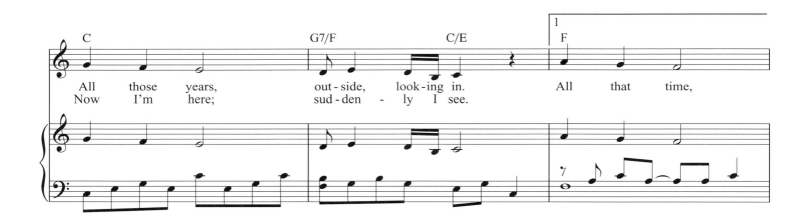

All those days, watching from the windows.
All those years, outside, looking in.
All that time, never even knowing just how blind I've been.

Now I'm here, blinking in the starlight.
Now I'm here; suddenly I see.

© 2010 Wonderland Music Company, Inc. and Walt Disney Music Company
All Rights Reserved. Used by Permission.

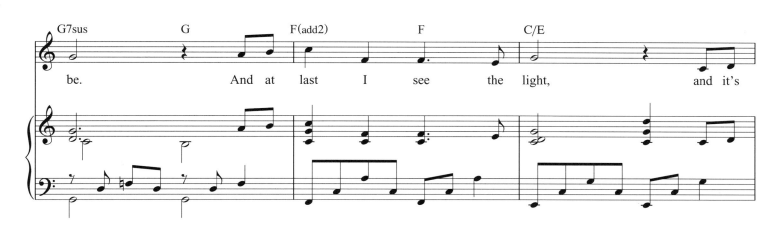
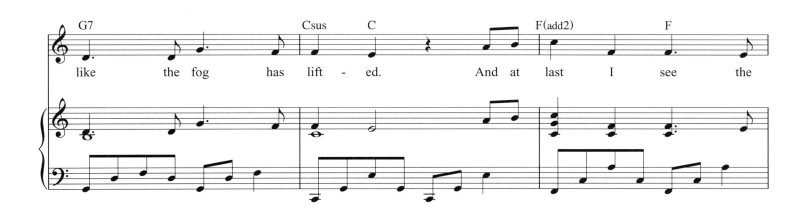
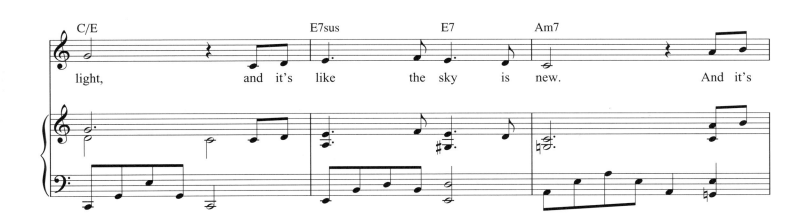